運命を好転させる

「ひらめき」の力

小林信正

たま出版

はじめに

人生とは「あみだくじ」のようなもの……。

たった一つの枝分かれの道を選ぶだけで、その後の人生の命運は大きく左右されます。「あの人に出会っていなかったら」「あの時あの場所に行っていなければ」と、良きにつけ悪しきにつけ、後になってその時を思い起こせば「あの選択が大きな分かれ道だった」ということが、誰にでもあるかと思われます。

この運命の転換点を「ターニングポイント」と言います。

明日が見えない混沌《こんとん》とした現代に生きる私たちは、海図なき航海を漂流しているようなものです。先行き不透明な時代に、いま私たちが最も求めているものは、この「ターニングポイント」を的確に見極める先を見通す力、すなわち〝先見の明《めい》〟や〝創造力〟ではないでしょうか。私たちには本来、〝潜在的に秘められた、先を見通す「ひらめき」の力〟が備わっているのに、使わずに錆《さ》びついていています。今こそ感性を磨き、自己実現に向かって明日への航海の海図を描いていくことが望まれます。

ブラックボックスと言われていた人間の脳内の働きも、最近の脳科学や大脳生理学の研究によって、厚いベールに覆われていた精神活動の働きが次第に明らかになってきました。

人間の脳には一千億の神経細胞があると言われますが、二十歳過ぎから徐々に減少が始まり、毎日十万個もの細胞が死滅していくと言われています。とはいえ、近年の研究では、大人の脳神経細胞も新たに生まれ変わっていることが分かってきました。脳の働きは、使えば使うほど脳細胞が活性化して、いくつになっても若々しさが保たれ、育てることができるそうです。ですから、頭脳をできるだけ有効に使えば、認知症の予防にも役立つことになります。

現代人は、脳の働きをあまり重要視していないせいか、それとも偏見のせいなのか、もともと人間に備わっている「ひらめき」の感受性が鈍くなっています。

私は以前、湯川秀樹博士から「ひらめき」についての話を聞いたことで好奇心を抱き、その不思議さの虜《とりこ》になり、以来、その究明に取り組んできました。

「ひらめき」とは、人間が根源的に持っている「ESP」(超感覚的知覚)、すなわち「インスピレーション」というものです。「ESP」というと、オカルトとか、まやかしのように捉《とら》えて、眉をひそめる人が多いかもしれませんが、私自身、ある夢の啓示によって命拾いした経験があります。その意味で、「ひらめきは事実である」と、今や確信に至ったことから、ぜひ皆さんに知っていただきたいと思い立ち、本書を著わした次第です。

「インスピレーション」の語源は、ラテン語で「息を吹き込まれるもの」という意味の「spirare」で、それが敷衍《ふえん》されて「ひらめき」や「霊感」という「創造的思考」という意味になったそうです。今日の脳科学でも、「インスピレーション」の感受性能力が、ある方法によって高まることが明らかになってきました。

いま、人類は歴史的大転換期にいます。現代はかつてないほど急速なスピードで変化し、先行き不確定な状況に直面し、企業ではＡＩ（人工頭脳）によって百年に一度という新しいパラダイムの変革がなされようとしています。

この変革期にこそ自己変革が必要となり、自分らしさを学び、〝先見の明〟

とか〝独創力〟や〝創造力〟が求められてきます。「インスピレーション」という「ひらめき」の感受性を高めれば、自《おの》ずから自己開発され、より大きな成功を達成されていくことでしょう。

「インスピレーション」は、別の言葉で言えば「気づき」とも言えますが、気づいても実行しなければ「絵に描いた餅」でしかありません。大切なのは、実践されることです。ノーベル医学生理学賞を受賞した大村智北里大学特別栄誉教授は、いつも「世のため、人のため」という言葉をモットーにして実践しているそうです。

あなたの人生が、自らの力で選択し、この世で生かされている人生の使命を知り、「世のため、人のため」に役立つ種を蒔《ま》かれますよう、心から願ってやみません。

目次

はじめに　1

第1章　第六感・ひらめきの不思議　11

明日が見えない時代　15
「第六感」とは？　21
「勘」とは？　24
「直感」と「直観」とは？　27
「インスピレーション」とは？　31
「虫の知らせ」とは？　35
「ひらめき」のヒントとは？　37

第2章　逆境の天才と奇人変人　43

「ひらめき」の天才　45
天才と「インスピレーション」　47
音楽家・芸術家と「インスピレーション」　55
「ひらめき」と創造性　58
夭折の天才たち　61
薄幸だった天才たち　63
逆境で育む精神力　65
天才と狂人は紙一重か？　70
天才が奇人変人の訳は？　73
奇行の天才　77
同年生まれの「喜劇王と独裁者」　82
心霊に興味を持った天才たち　84
天才たちのＩＱ　85

第3章　「ひらめき」を受けるには？　89

「ひらめき」を受けるために　91
今を活かす、「直感・直観」思考とは？　95
心のブロックが除かれると？　98
意識の拡大とは？　100
人類共通の無意識とは？　105
「ひらめき」を感じるには？　108

第4章　「インスピレーション」の源泉は？　121

「インスピレーション」とは？　123
「インスピレーション」の源泉は？　124
霊界からの自動描画　129
「インスピレーション」を感じるときの条件とは？　134
「インスピレーション」を磨くには？　135

意識の源流は？　144
直感と霊感との違いについて　146
第5章　「インスピレーション」を科学する　149
人の心はどこにある？　151
未知現象とは？　157
超感覚的知覚（ＥＳＰ）を科学する　164
特異能力のメカニズムとは？　169
第6章　「インスピレーション」開発法　175
「インスピレーション」を受けるには？　177
内的意識のトレーニング――あなたの使命と目的　183
おわりに　214

第1章

第六感・ひらめきの不思議

ふしぎ

金子みすず

わたしはふしぎでたまらない、
黒い雲からふる雨が、
銀にひかっていることが。

わたしはふしぎでたまらない、
青いくわの葉たべている、
かいこが白くなることが。

わたしはふしぎでたまらない、
たれもいじらぬ夕顔が、

ひとりでぱらりと開くのが。

わたしはふしぎでたまらない、
たれにきいてもわらってて、
あたりまえだ、ということが。

天才詩人・金子みすずの感性は、「この世にある自然界の不思議さこそに真実が潜んでいるんだよ」とわれわれに問いかけています。不思議さの根源に「ひらめき」という感覚があります。

明日が見えない時代

現代社会は先が見えない不透明な時代だと言われています。

世界の人口は七十億人を超えていますが、今やメディアの発達によって各国のさまざまな情報を即座に知ることができるようになりました。テクノロジーと交通手段の発達により、時間的にも空間的にも短縮され、その結果、今や世界はとても狭くなりました。

グローバルな視野が求められ、さらにＡＩに変わろうとしている時代です。ビジネスでも、今までは順調に経営していたのに、この先必ずしも従来どおりにいくとは限りません。伝統とか、古いのれんにしがみついて旧態依然とした商いを続けていては、時代の変化に適応できないでしょう。地方の商店街ではシャッターを下ろさざるを得ないところが多く見受けられます。

このような先行き不透明な時代にあって、私たちはいま何を求められているのでしょうか。それは「ひらめき」です。人類の文化、文明の進歩は「ひらめき」から生まれた創造力と先を見通す力です。いわゆる「先見の明」も「ひらめき」から生まれるのです。

かつての日本三大財閥の一つである三菱の創始者・岩崎弥太郎の実弟に、岩崎弥之助という「先見の明」のある人物がいました。明治の戦で政府が財政難に陥っていたため、武家屋敷などの焼け野原であった丸の内の広大な土地を一般に売りに出したものの、価格が高過ぎたために買い手が全くつきませんでした。

ところが弥之助は「お国のために引き受けましょう」と決断して、当時の金で百二十八万円（土地は約十万七千坪）で買い取ったのです。この金額は東京市の年間予算の三倍というものでしたから、身内からは「あんな辺鄙《へんぴ》な土地を買ってどうする」と非難ごうごうでした。

ところが、弥之助は「竹でも植えて虎でも飼うさ」と、平然と決断したそうです（『丸の内百年のあゆみ 三菱地所社史』三菱地所株式会社社史編纂室編）。

今や丸の内界隈は日本のビジネス界の中心地として大いに発展し、二度と手に入らない評価の高い場所となりました。まさに岩崎弥之助という人物は「先見の明」がある経営者だったと言えます。

優れた経営者や組織のトップにふさわしい人物は、まず度量が大きく、人望があり、さらに〝先見の明〟があり、決断力に富んだ人物です。ところが、昨今話題になるトップと呼ばれる人々は、先見の明もなく、人望もなく、ワンマンにより組織を私物化して世の批判を浴びているということが話題になっています。小物の私利私欲の弊害を思わざるを得ません。

「先見の明」がある経営者は、私利私欲に捉《とら》われません。「日本資本主義の父」と呼ばれた渋沢栄一もその一人です。幕末、渋沢は幕臣としてフランスやヨーロッパを視察し、明治になってから帰国しました。新政府の役人となった渋沢は、日本で初めて株式会社制度を実施しました。さらに、国立銀行を設立して頭取に就任、ほかに地方銀行設立を指導し、民間へ下って企業の設立にも携わりました。その数五百以上に及んだそうです。

渋沢の偉大さは「地位や私欲を追わず公益を図る」との信念を生涯にわたって貫き、「渋沢財閥」をつくらず、日本の近代化に尽力した点です。その姿勢は称賛に価します。

近年では、「経営の神様」と呼ばれた松下電器産業株式会社（現・パナソニック株式会社）の創業者・松下幸之助がいます。十六歳で大阪電灯会社

（現：関西電力）に入社しました。ある日、上司に簡単に電球を取り外せる便利な「電球用ソケット」の考案品を見せたところ、「こんなものはダメだ」と、一言のもとに却下されてしまいました。そこで会社を退職し、自分で事業を起こし、一軒家を借りて奥さんと義弟の三人で小さな町工場を立ち上げたのです。製品は便利なものだったので売れ行きがよく、五年後には従業員数は五十人に増え、やがて松下電器は大会社へと発展しました。彼は〝世のため、人のために役立つ〟との信念で「会社の目的は社会貢献にある」との明言を残しています。

「先見の明」と言えば、先日、トヨタとソフトバンクが提携して共同出資会社を設立して、将来を先取りする事業を開始するとのニュースがありました。トヨタが自動車の製造だけにとどまっていては、先の時代に取り残されてしまうという危機感を抱いた豊田章男社長が、ソフトバンクの孫正義会長兼社長に提携を持ち込んだそうです。ソフトバンクは、従来の通信会社だけでなく、将来を見越して、あらゆるジャンルの企業に手を伸ばしています。そこで、トヨタが従来の車製造会社にとどまらず、「先見の明」をもくろんで、日本の時価総額ナンバーワンとナンバー2の企業が組んだというわけです。

新会社設立の会見で豊田章男氏が孫正義氏について語った言葉は、「たたき上げというのが、私が非常に孫さんに憧れるところ……」ということでしたが、孫正義氏は差別と貧困に耐えて、独立独歩で今日の会社に育て上げた、まさに立志伝中の人です。佐賀県鳥栖《とす》市の在日韓国人集落に生まれ、司馬遼太郎の『竜馬がゆく』（文藝春秋）に感銘を受け、ウジウジしていた自分が情けないと、周囲の反対を押し切って高校を中退してアメリカに渡り、カリフォルニア大学バークレー校を卒業しました。帰国後、福岡市博多区で会社を設立しますが、病に倒れます。その時、祖母から「どんなことがあっても人様のおかげであり、人を恨んではいけない。お金、地位、名誉ではない」と言われ、悟った孫氏は、今や日本のトップ起業家となりました。いわば天才的な「先見の明」のある人物と言えるでしょう。

「第六感」とは?

人間には、視覚、聴覚、嗅覚、味覚、触覚の五つの感覚のほかに、物事の本質をとらえる第六の感覚があると考えられています。勘、直感、直観、霊感と呼ぶもので、第六感は「勘が当たった」「ついている」「虫の知らせ」とか、「胸さわぎ」「ひらめき」「気配」、宗教上の「悟り」や「以心伝心」など五感を超えた超感覚的知覚（ＥＳＰ：Extrasensory perception）とも言うべき超能力の一種とされています。

古来、この能力の発現法は宗教の行法とつながっていました。
・神道では、神ながらの道として精進潔斎《しょうじんけっさい》を行い、精神統一による神人合一の境地を感得する。
・仏教では、欲望を絶ち、荒行や座禅、瞑想の修行を経て仏に帰依、悟りや安心立命の世界への到達を目指す。
・修験道では、山入りして難行苦行の修行にて、大自然との融合一体を体得する。
・ヨーガでは、座法とか呼吸法などによる心身の制御の技法で、神通力を獲得する。

これらは、強い意志とたゆまぬ努力によって欲望を絶つ難行苦行が求められる体験的な技法で、必ずしも修行によってその能力が獲得できるとは限りません。

五感を超えた感覚というのは、本来は誰でも潜在的に備わっている感覚とされています。例えば、都会人と先住民とでは、視力はもちろんのこと、聴力、嗅覚、触覚など五感の鋭さには圧倒的に差があります。ましてや大自然の中で生き抜いてきた古代人たちは、外敵から身を守る生存本能が鋭敏となり、文明社会に生きている私たちより情報や知識に惑わされず、自然界に対する本能的感覚が鋭くて「第六感」が発達していたのではないかと推察されます。

情報過多で論理的思考にならされている現代人は、とかく五感を超えた「第六感」とか「ひらめき」という感覚を軽視している傾向があり、人類に本来備わっている本能的感覚が退化しているように思われます。

近年、科学はあらゆる分野で長足の進歩を遂げてきました。私たちはこの科学的文明の恩恵に浴して、健康で文化的な生活を営んでいます。しかし、大自然界に存在するものの中で、いまだに科学的に解明されている分野はわずか四パーセントにすぎないと言われています。不思議とか謎と思える分野はまだまだ多く存在しているのです。

「勘」とは?

「勘」とは、頭で考えるのではなく、長年の経験により培われた能力が潜在意識に蓄積されて、それがフトした際に潜在意識から湧き出て働く、いわば「ベテランならでは」と言われるような能力です。

・ベテラン刑事になると、事件現場を見ると犯行の手口に「ピーン」と勘が働き、周辺の聞き込み捜査と相まって犯人像が浮かび、犯人逮捕で多くの実績を上げています。

・結婚生活が長いベテラン主婦になると、炊事、洗濯などの家事のみならず、亭主の帰宅が遅いときとか、休日出勤などでも、怪しい？　という鋭い勘が働きます。くれぐれも殿方はご用心を！

・昔は鉱床の発見や採掘には、山師の「勘」が頼りでした。そこで当てずっぽうでヤマを当てることを「山勘《やまかん》」といいました。今や試験で行うヤマ勘は学生の専売特許のようですが……。

☆

いわば、「勘」とは、長年の経験を通して潜在意識に蓄積されて身についた知識から生まれてくるものです。

・骨董品の〝目利き〟の修行では、五、六年間は本物の品物だけを見せて真贋《しんがん》の目を養わせます。そうすると品物を一瞥《いちべつ》しただけで本物か偽物かを「勘」で見分ける力が養われるそうです。

・調理人の修行では、理屈でなく火加減、湯加減、塩梅《あんばい》など、先人の秘伝（勘）を盗むものだとも言われています。
・宮大工の棟梁《とうりょう》は、重要文化財の寺社の解体修理の際に、自ら森林に入って巨木を見、「勘」でふさわしい木を切り出します。組み立てのときには、設計図からでは読み取れない宮大工ならではの「勘」の働きにより、重要文化財の再建に尽力されています。

☆

「ミスター」こと長嶋茂雄元巨人軍監督は、試合の詳細なデータに頼らず、むしろ「勘」を鋭く働かせて「カ、ン、ピ、ュ、ー、タ、」と言われていました。そんな長嶋氏のエピソードがあります。

ニューヨーク・ヤンキースに移籍した松井秀喜選手は、一時、打撃が不振で、それを聞いた長嶋氏は国際電話でアドバイスしたそうです。「受話器を置いて、バットで素振りをしてみなさい」と言い、松井選手の素振りの音を電話で聞いて、「ピーン」と勘がひらめきました。「大丈夫、必ず打てますよ」と励ましたのです。ミスターのアドバイスどおり、次の試合で松井選手は見事なホームランを打ったとか。

「直感」と「直観」とは?

「直感」とは、推理、思考などの論理的思考によらず、感覚的に物事の真相を瞬時に感じることで、「勘」と同じように使われています。

二刀流で知られる大谷翔平選手が全米三十球団の中からエンゼルスを選んだのは、ソーシア監督の長期政権が自分に向いていると「直感」でひらめいたからだそうです。

また、将棋界の十九世名人、羽生善治さんは、王将、名人、竜王、棋聖、王位、王座、棋王と合わせて七大タイトルを独占して、国民栄誉賞を受賞しました。

彼の著書『直感力』（ＰＨＰ研究所）の「直感とは何か」によると、一つの局面で、「この手しかない」とひらめくときがあると言っています。「一〇〇パーセントの確信をもって最善着手がわかる。論理的思考が直感へと昇華された瞬間だ。……つまり直感は、うずたかく積まれた思考の束から、この導きを出して日常的に行うことによって、脳の回路が鍛えられ、修練されていった結果であろう」と述べています。

端的に言えば、日頃のたゆまぬ努力による思考が潜在意識に蓄積されていて、フトした時に突如として「直感」としてひらめくものなのでしょうか。

ホームラン王の王貞治氏の名言に「ホームランが打てる予感がするときは、

時が止まって見えるものです」という話があります。ピッチャーの投げる球速は時速一三〇キロ前後ですから、動体視力がいくら良くてもボールが静止しては見えない筈《はず》です。当時の打撃コーチ・荒川博氏によると、王選手は三百六十五日、試合中はもとより休み中でも素振りを欠かしたことがなく、家の畳がすり減るまで努力を重ねていたとか。努力こそが、「直感」によって打撃のタイミングをつかんだ賜物《たまもの》なのでしょう。

「人の命は地球より重い」というモットーで、ボランティアで各地の被災地を励ましている尾畠春夫さんは、三日間行方不明だった山口県の二歳男児を見つけ出し話題になりました。警察が大勢で三日間も探して見つけられずにいたのを、小さい子は山の方に上がっていくとの「勘」が働き、わずか三十分で見つけ出し、現代のヒーローとたたえられました。孫が助けられた祖父からお風呂を勧められても「そういうものはもらえない」と断ったという人柄も、殺伐としたニュースが多いなか、久々に心温まる話題となりました。

アップルの創始者スティーブ・ジョブズ氏も「何より大事なのは、自分の心と直感に従う勇気を持つこと」と断言しています。

「直観」とは、経験、知識、推理などではなく、意識しなくとも瞬時に物事の本質を見抜く感覚のことです。宇宙意志とか、神仏から霊妙なものを直観的に感じとる「お告げ」、天啓のひらめきを「霊示《れいじ》」とも呼んでいます。発明、発見における創造的ひらめきは「天の啓示」とされ、人類の文化の発展に一条の光明を与えています。

「直観力」は神秘的な体験と結びつき、感覚や感情とか思考には結びつかないもので、むしろ魂への「直観」は、神からの「啓示」「霊感」だとされています。京セラやKDDIを創業し、日本航空の再建に尽力した稲森和夫会長も「直観」の大切さを説き、「人のため世のために尽くすことが、人間として最高の行為である」と、その人生観を述べています。

「インスピレーション」とは?

前述しましたが、インスピレーションとは、語源はラテン語で「息を吹き込まれたもの」という意味で使われていた言葉で、そこから「ひらめき」とか「霊感」という意味になったとされています。「霊感」というのは、宇宙意識、神、仏から導かれた霊妙なひらめきを感じとる心的状態のことです。

インスピレーションによって芸術的な創造性や独創的な発見、発明のアイデアにひらめきを感じたという意味から、インスピレーションは「直観」と同義語としても使われています。

「百歩先を見るものは狂人扱いを受け、現状のみを見るのは落伍《らくご》する。十歩先を見る者のみが成功する」

これは、阪急グループの創始者・小林一三《いちぞう》氏の言葉です。

「乗客は電車が創造する」ということで、まず電車を走らせ、沿線に宅地を開発して住宅をつくる。そうすれば乗客がやってくるという逆転の発想です。さらにエンターテインメント施設をつくり、宝塚歌劇団や駅の百貨店、映画興行、ホテルなど、次々と新事業に進出していきました。経営理念は「もうかる事業」ではなく「大衆が喜ぶ事業」で、鉄道事業にエンターテインメント施設を組み合わせるという独創的なアイデアは、まさに直観によるひらめきと言われています。

小林一三の経歴は、商家に生まれ、生後間もなく母親が亡くなり、父親とも生き別れとなって二歳で家を継ぎ、叔父夫婦に引き取られました。福沢諭吉が塾長の慶応義塾大学に入り、小説家を志しましたが、卒業後、銀行に入行し専務にまでなりました。三十四歳のときに転機が訪れ、銀行を退職して鉄道会社に入り、そこでも専務にまで上りました。そして、ひらめきによる斬新なアイデアを次々と生み出し、鉄道と百貨店やレジャー施設を組み込み、阪急グループの創業者となりました。政界においても、商工大臣や国務大臣を務めています。ちなみにスポーツ界の熱血漢でTVでもおなじみの元プロテニスプレイヤー松岡修造さんは、一三翁の曽孫にあたるそうです。母親は小林一三氏が創った宝塚歌劇団の出身です。

インスピレーションによる不思議な話があります。

列車脱線事故でも、生々しい悲惨な事故が今も脳裏によみがえってきます。二〇〇五（平成十七）年四月二十五日、午前九時十八分ごろ、西日本旅客鉄道の福知山線の塚口駅と尼崎間で発生した列車脱線です。乗客と運転士合わせて百七名が死亡、五百六十二名が負傷した大事故でした。

その当時、不思議な風評が伝えられました。あるサラリーマンが混雑する車内で背中を叩かれ、振り向くと老女が耳元でささやいたのです。

「次の伊丹駅で降りなさい」

彼は何だか分からないまま、その言葉に素直に従ってホームに降り立ち周囲を見まわしました。しかし老女の姿はどこにも見当たらなかったのです。一体誰だったろうかと思いあぐねていた矢先、電車は発車してしまいました。

疑念を感じながらホームで次の電車を待っていた時です。「ただ今、電車の脱線事故が起こりましたので、全線不通となりました」との場内アナウンスが流れました。前の車両が重大な電車事故と知り、もしそのまま乗っていたら自分も犠牲者になっていたに違いないと、彼は全身に鳥肌が立ったそうです。

では、あの耳元でささやいた老婆は、一体何者だったのでしょうか。この人のご先祖が直観で導いたのでしょうか……？

「虫の知らせ」とは？

なぜ「虫」というのでしょうか。それは、古来、人の身体には不思議な虫がすんでいると思われていたからです。嫌いな人を「虫が好かない」、怒りの感情を「虫酸《むしず》が走る」、「腹の虫がおさまらない」などと言うように、意識や感情を表わすものに使われ、そこから、潜在的に身体の虫が第六感により事前に予知することを「虫の知らせ」というようになったそうです。

私の友人が事故で亡くなる前、なぜか「ネックレスが切れた」そうです。彼は不吉なものを感じたのですが、やはり「虫の知らせ」だったようで、いわば「予知」と同意語に使われています。

こんなこともありました。朝食の時にいつも使っていた箸が折れ、不吉な予感がするという話をしていると、電話がかかってきました。とっさに「もしやお母さんが⁉」。電話に出ると、すすり泣く声が聞こえます。やはり虫の知らせによる母親の訃報《ふほう》だったのです。

さらに、仙台に住む主婦は、東北大震災の前夜、なぜか海が大荒れになるような夢見と耳鳴りで「虫の知らせ」はあると実感したそうです。

不吉なことが起きる前兆にこのような「虫の知らせ」があった経験は、おそらく誰にでも多少の経験はあるのではないでしょうか。

「ひらめき」のヒントとは？

企画や創作の発想とかを考えた揚げ句、壁に突き当たっていたものが、一瞬のひらめきから斬新なアイデアをふと思いつき、素晴らしい創作や発見、発明が生まれる話はよく聞かれることです。

日常生活でも、音楽を聴いているとき、懸案だった心の障壁が開いて思いもよらない発想の転換が得られたり、美術館では名画に脳が刺激されて新しい発想のアイデアがひらめいたり、散歩していているときにインスピレーションを受けて着想が浮かぶこともあります。人生の運、不運の分岐点は、ひらめきを感じたら素直に従って行動していくか否かです。

歌手・作曲家の谷村新司氏の著書『谷村新司の不思議すぎる話』（マガジ

ンハウス）によると、「インスピレーション」によって自分でも不思議な作詞作曲ができたと書かれています。

大ヒットを飛ばした「昴―すばる―」（一九八〇年）の中で〝さらば昴よ〟という印象的なフレーズがあるのですが、この「昴」を作詞した時は、本人もこの『さらば昴』の意味すら分からないまま自然に手が動いて書き留めたというのです。「昴がやってきたのは、なんと引っ越しの最中、突然メロディーと歌詞が同時に降りてきた」と同書で述べています。はじめに出来た歌詞が、最後の「さらば昴よ」というフレーズでした。谷村氏自身の作詞にもかかわらず、不思議にも「なぜ、昴にさらばと告げねばならないのか」との疑問が解けなかったのですが、二十数年もたってから「物を中心に据えた価値観に別れを告げる」という意味だったと、谷村氏自身は納得できたそうです。

「昴」とは、プレアデス星団のおうし座にあって財の星であり、この歌は、財に象徴される物質社会との決別を意味するものだそうです。その「昴」から発信されたメッセージを受けて名作の発想が出来上がったのは、もしかしたら地球にやって来た宇宙人からインスピレーションを受けたのかもしれませんね。

作詞家や作曲家でも、本人がまったく考えていなかったインスピレーションをしばしば受けることがあるようです。

フォークグループかぐや姫の「神田川」は大ヒットとなり、一世を風靡《ふうび》しました。作詞が喜多条忠氏、作曲は南こうせつ氏です。この歌が誕生した秘話について、NHKの「団塊スタイル」という番組で紹介されていました。

それによると、こうせつ氏が当時放送作家だった喜多条忠氏に作詞を依頼したのですが、なんと締め切りが「その日のうちに欲しい」、という強引なものでした。しかし、彼の人柄をよく分かっていた喜多條氏はその依頼を快く引き受けたそうです。

当時、喜多條氏は東京の神田川近くのアパートに住んでいて、後に奥さんになる女性と同棲中でした。その生活ぶりを詞につづり、歌詞にして直ちに電話で南こうせつ氏に伝えたと言います。こうせつ氏は急いでスーパーのチラシの裏に歌詞を書き留めました。そして、その二、三分後には、こうせつ氏から「曲が出来ました」と電話があり、即興で喜多条氏に歌って聞かせたそうです。

こうした二人の息が合って、「ひらめき」から即興の作詞、作曲により、あの名歌「神田川」が誕生したのでしょう。

小説家でエッセイストの林真理子氏は、インスピレーションにおける自動書記について興味ある記事を書いています。

「ノンフィクションの人は、ほぼ一〇〇パーセント、パソコンで書くと聞いたことがあるが、私のように恋愛小説を書く者の中には、手書き派が何人もいる。

エッセイは論旨や起承転結を考え、それなりに頭を使って書いているが（ホント）、小説はそんなことはない。ある時から、何か大きな力が降りてきて、手が勝手に動き出す瞬間がある。ペンが追いつかないほど、たくさんの情景や主人公たちの言葉が溢れてくるのである。そのためにも私は機械を介在させようとは思わない。右手と頭を結ぶものの間に、何かが入ってくるのはイヤなのだ」（「STORY《ストーリィ》」二〇一六年六月号）

人によってインスピレーションの受け方はまちまちですが、お風呂に入ってのんびりしているとき、自然の中で散策しているとき、うつらうつらの夢見どき、明け方の何も考えずぼんやりしているとき、あるいは無我夢中で何かをしているとき、瞑想や精神統一して無心のときなど、いわば無意識の深層心理状態の折に突如としてインスピレーションが湧き起こることが多いようです。

それは、厚く覆われた雲から一条の光が地上に射し込むような光る一瞬の「ひらめき」です。芸術や学問の世界では、偉大な創造や発見、発明のきっかけとなった天才のひらめきなども霊感ともいうべきインスピレーションであり、広い意味では第六感と言えましょう。

そこで次章では、古今東西の天才と言われる人物の足跡をたどりながら、彼らがどういう時にインスピレーションを受けたのかを解明していきたいと思います。

第2章　逆境の天才と奇人変人

「ひらめき」の天才

偉大な宗教家とか策略の武将や戦略家と称される天才たちは、「霊示」「啓示」という「ひらめき」を受け、その才能を発揮して日本の歴史上のターニングポイントになっています。直観に優れた宗教家やひらめきの戦略家たちは、奇策を弄《ろう》して形勢の不利な状況を打開し、戦勝に結びつけ、歴史を変えました。

特異な「ひらめき」の天才としては、空海、源義経、上杉謙信、徳川家康、勝海舟、秋山真之といった人たちがいますが、織田信長もそんな天才の一人です。

「鳴かずんば殺してしまえホトトギス」と例えられるほど気性が激しかった

という尾張の武将、信長。奇想天外な発想で周囲の人を驚かせ、従来の槍刀《やり》の戦術を鉄砲に変えた「ひらめき」の戦略家です。永禄三（一五六〇）年の「桶狭間《おけはざま》の戦い」では、駿河国の大名・今川義元が二万五千人の兵を率いて尾張国に侵攻、迎え撃つ信長軍はわずか二千から三千人という軍勢で、数では圧倒的に劣勢でしたが、直観力と行動力で今川の本陣を急襲し、義元の首を討ち取ったのでした。ただ、比叡山延暦寺を焼き討ちするなど神仏を恐れぬ行為ゆえに、本能寺では家臣の裏切りに遭って火炎の中に身を投じたと伝えられています。

「鳴かずんば鳴かせてみようホトトギス」との知恵モノは、尾張国の農民の子で生まれた藤吉郎。行商人から足軽、さらに才知に優れて信長の下で大出世。奇策に長じて高松城を水攻め、信長の死を隠して毛利と講和を結び明智光秀を打ち、北条には一夜城の奇策で屈服させ、天下統一を成し遂げ、遂には関白太政大臣の位に就きました。秀吉は人を斬るのは嫌いだとし、奇想天外のひらめきにより、戦闘では水攻め、兵糧攻めにより、天下人に成り上がりました。

天才と「インスピレーション」

天才は、小説家、詩人、作曲家、画家などの芸術家のみならず、物理、医学、生理学でノーベル賞を受賞した科学者たちもいます。彼らは若い頃、壁に突き当たって挫折体験をしても果断な努力を重ね、その間隙《かんげき》に光がふと射し込むように一瞬のひらめきを受けています。偉大な天才たちの足跡を解明していきましょう。

古代ギリシャの数学者・物理学者であったアルキメデスの有名なエピソー

ドに、「ひらめき」から発見した「アルキメデスの原理」というものがあります。それは「流体中の物体は、その物体が押しのけている流体の重さ（重量）と同じ大きさで上向きの浮力を受ける」というものです。

国王は、金細工職人に金塊を渡して王冠を作るよう命じましたが、職人は金の分量をごまかし、銀を混ぜているのではないかとの疑念を持ちました。そこでアルキメデスを呼んで、王冠を壊さず体積を図る方法を聞きましたが、即座には答えられません。そんなある日、風呂にのんびり入っていたとき、アルキメデスはひらめいたのです。風呂に入ったときにお湯が縁からこぼれ出したのを見て、王冠を水槽に沈めればその体積分だけ水面が上昇することに気づいたのです。「王冠の体積は増えた水の体積と等しい」と。思わずアルキメデスは「分かった！」と言いながら裸で表に飛び出したのでした。お風呂に浸《つ》かりながらぼんやりしていた時に「ひらめく」ことがよくあるという逸話です。

哲学者カントは、「天才は教育によってつくられない」と言っています。天才は、勉強ができる秀才とは違って、「ひらめき」を受けて、それがヒントとなって偉大な創作や発見、発明を成した人物です。

天才型の詩人は脳裏に詩が泉のごとくほとばしり、小説家は創作の際に自分が考えもしなかったアイデアが突如ひらめくそうです。イメージが脳内に映し出され、ペン先が自動的に動き出し、時には神妙な霊感を受け文章化して作品が完成、後でそれを読んでみると、とても自分が書いた文章とは思えない作品が出来上がっていたという自動書記についての話が時折聞かれます。

☆

ここで日本の作家、詩人たちの体験的「インスピレーション」について述べていきます。

○石川啄木

「昨夜枕についてから歌を作り始めたが、興が一刻一刻にさかんになってきたので、遂に徹夜、夜が明けて、本妙寺（江戸振袖火事で有名）の墓地を散歩し、たとへるものもなく心地すがすがしい。興はまだ続いて、午前十一時までに作ったもの、昨夜百二十首余」（日記）。霊感により次々と詩歌がほとばしり出て、推敲し、詩集「一握の砂」となる。「夫《そ》れ霊あるものは霊に感応す」（略）「岩手日報」

○宮沢賢治

霊能力があり神仏、幽霊、妖怪など、日常的にこの世ならぬものを目撃していたという。賢治は「原稿から文字が一字、一字、飛び出してきて、僕におじぎをするのです」と述懐している。『銀河鉄道の夜』『風の又三郎』『セロ弾きのゴーシュ』とか『光の素足』などの作品は、霊的な感覚で創作したように思える。

○夏目漱石

『吾輩は猫である』『倫敦塔』など名作を次々に執筆。『坊ちゃん』の構想では、天啓のひらめきのように次々に文章が湧いて、「親譲りの無鉄砲でいつも損ばかりしている……」という書き出しで、わずか二週間で書き上げたという。

○芥川龍之介

『芋粥』『藪の中』『地獄変』をはじめ、『蜘蛛の糸』もインスピレーションを受けていると告白している。「霊的世界を夢で見ていたことも多いし、書いているうちに筆が自ずと走るということもある」と述懐している。

○川端康成（一九六八年ノーベル文学賞受賞）

一歳で父と死別、二歳で母を、七歳で祖母を、十歳で姉を、十四歳で祖父を亡くし、天涯孤独となってしまう。幼いころから心霊体験があり、川端文学の美学には、心霊の世界に魅入られ妖気が漂う作品が多い。

○三島由紀夫

スピリチュアル的なものに興味を持ち、滝行や座禅にも傾倒して死生観を抱き、『英霊の聲』『憂国』、そして輪廻転生を描いた『豊饒の海』を書き上げた。そのほか「日本空飛ぶ円盤研究会」にも入会していた。

また、日本の著名な作家たちの中には、温泉の愛好者がいます。温泉宿にゆっくり滞在して、いで湯に浸かり、付近を散策していると、自然とリラックスして心身共に癒やされます。ぼんやりしているときに、一瞬アイデアがひらめいて名作が生まれたというケースもあるようです。

その他、ひらめきを受けた作家として、志賀直哉、土井晩翠、内田百閒、島崎藤村、谷崎潤一郎、太宰治、小泉八雲、田宮虎彦、江戸川乱歩、佐藤愛子、藤沢周平など多数います。

文学者のみならず、ノーベル賞受賞者も「ひらめき」を受けています。

○湯川秀樹（一九四九年ノーベル物理学賞受賞）

「私はいつも枕元に紙と鉛筆を置いて就寝しているが、うとうとしている時にひらめきがあり、メモに書き留めたのが、あの中間子理論です」「直観的に全体を把握するというだけでは、まだだめです。そこから何か今まで見のがしていた新しいものが現れてこなければ真の創造とはならない。そこにインスピレーションとか勘とかいわれるものが入ってくる」と、「ひらめき」に関心を持つ。

○福井謙一（ノーベル化学賞受賞）

「科学的直観とは何か。…すなわち、経験から私がその存在を信じるようになった、この摩訶不思議な、科学的に証明できていない頭の働きとは、所与性の自然認識が直接に科学的活動に結びつく頭脳の一作用だといえる」「時間と空間を媒介して、宇宙空間の全ては因果関係でつながっている」と述懐する。

○小柴昌俊（二〇〇二年ノーベル物理学賞受賞）

「考え考え、とことん考えると、勘が冴えてくる。人間は全てのことを知ってしまった訳ではなく、科学は自然界のほんの一部しか分かっていない。常識に捉われずむしろ常識を打破する心がけで、何事も好奇心をもって突き進むことが大切だ」と述べ、日本の素粒子の基礎を築いた。

○田中耕一（二〇〇二年ノーベル化学賞受賞）

「失敗つづきでも努力しつづけました。混ざったものを使ってみようと思ったのも、なんらかの勘、『瞬間的ひらめき』がなかったとは言えません」「こうした機械を使い、見えないものを見えるようにしよう。見えることによって何かに役立つ。それが私たちのやりがいでもあります」と現役サラリーマンは語る。

○山中伸弥（二〇一二年ノーベル生理学・医学賞受賞）

「ＩＰＳ細胞を作ることに成功したプロセスで、二十四個の遺伝子から細胞の初期化に必要な四個の組み合わせに行き着いた秘訣は、言ってみれば「勘」だったんです」と、「ひらめき」の効用について語る。

音楽家・芸術家と「インスピレーション」

音楽家はインスピレーションによって創作することが多く、イメージが湧くことで、まるで音楽がほとばしるように五線譜に写し出すことがあると言われています。天才とうたわれたクラッシックの大作曲家たちの、インスピレーションを受けて作曲した数々の作品は人々の心を揺さぶります。

天才音楽家としては、モーツァルト、バッハ、ベートーベン、ショパン、シューベルト、チャイコフスキー、ドビュッシー、ストラビンスキー、グリーグなど数多く存在しますが、その一人、ブラームスは次のように語っています。

「私は恍惚《こうこつ》状態で睡眠と覚醒《かくせい》の間をさまよっている。意識はまだあるが、失おうとするちょうど境目におり、霊感に満ちた着想が湧くのはそんな時だ。真の霊感は全て神から発し、ただ内なる神性の輝きを通してのみ、神はご自身を顕《あらわ》すことができる。この輝きのことを、現代の心理学者は潜在意識と呼んでいる」『大作曲家が語る 音楽の創造と霊感』(アーサー・M・エーブル著、吉田幸弘訳、出版館ブック・クラブ)より。

天才的芸術家は無意識に高次元の存在とつながり、インスピレーションを受けて独創的な創造作品を残しています。そんな世界的天才としては、レオナルド・ダビンチ、ミケランジェロ・ブオナローティ、ラファエロ・サンティといった人たちです。

ダビンチはラファエロより三十歳年長、ラファエロはミケランジェロより八歳年下です。ダビンチとミケランジェロは互いにライバル視していて、顔を合わせたことは一度もなかったそうです。二人の共通点は共に創造性とは関係がない環境の商人の子として育ったことであり、その両名とラファエロの三人は、同じ大きな名のある芸術工房の下で訓練を受けています。

三者共に幼少期に寂しい境遇でしたが、自然をよく観察し、インスピレーションによる創造性に富んでおり、いつも絵を描くことが大好きな少年でした。また、三人共に生涯結婚しなかったために子孫はいません。

ダビンチは音楽、建築、解剖学、天文学と広い分野において功績を残し、万能の創造天才と言われ、「モナリザ」という世界的に有名な絵画を描きました。ミケランジェロは彫刻を得意とする天才で、彫刻こそが芸術にふさわしいという信念を持ち、特に代表作『ピエタ』は「人間の潜在能力の発露であり、彫刻作品を超えた」と高い評価を受けています。ラファエロは「聖母の画家」と言われ、また建築家であり、総合芸術家の天才とうたわれました。この三人の天才たちが芸術作品を創造した根底には、「ひらめき」による不思議な神秘体験があったと伝えられています。

「ひらめき」と創造性

創造性について、初代ノーベル博物館館長であるスヴァンテ・リンドクヴイスト氏は九つの基準を取り上げています。
①勇気　Courage　②挑戦　To challenge　③不屈の意志 Persistence　④組み合わせ To combine　⑤新たな視点 To see in a new way　⑥遊び心 Playfulness　⑦偶然 Chance　⑧努力 Work　⑨瞬間的ひらめき Moment of insight　※『生涯最高の失敗』（田中耕一著、朝日新聞社）より

特にノーベル賞受賞者たちは、勇気、挑戦、不屈な意志など、①～⑧は確かに持っているように思えます。しかし、創造性を発揮する一番重要な要素は「瞬間的ひらめき」を受ける感性であり、この感性を磨くことこそが、創造性を発揮するものと思われます。これを分野別に見ますと、以下のようになります。

・**芸術的分野**……詩人や作家、作詞・作曲家、画家、彫刻家などの創造、創

作は、直観という「ひらめき」からヒントを得てつくられ、その作品は価値的命題として主観的に評価を受ける。

・**科学的分野**……物理、化学、工学、医学、数学などの自然科学における発見、発明は、「ひらめき」からヒントを得て研究発表を成し、その成果は科学的命題として客観的に評価を受ける。

・**宗教**……真理や智慧の根源は理性ではなく直観であると説き、人智では知ることができない神仏による啓示だとされる。禅宗でも座禅は直感により真理を「悟る」ものと説く。

・**心理学**……カール・ユング（スイスの心理学者）は、潜在意識と無意識、集合的無意識について分析し、内的な五感によるものと、外的な第六感による共時性、予知について説いている。

・**日常生活**……一般人でも直観という「ひらめき」を得て役立たせることが

賢明である。

このように、「ひらめき」を受けたならば、メッセージの意味を理解して、実行することが望まれます。

夭折の天才たち

天才とは、天性の才能と鋭い感性や高い創造力により、社会的に価値ある偉大な業績を成した人だと言えます。美人薄命と言いますが、天才にも夭折《ようせつ》の天才がいます。夭折と言っても何歳位までのことなのか、その決まりはないようです。そこで、昔は人生五十年と言われたので、それ以前の三十代で亡くなった、いわゆる早世した天才を挙げてみます。

※括弧内は肩書、死因、死亡年齢

滝廉太郎（作曲家、肺結核、二十三歳）、樋口一葉（詩人・歌人・小説家、肺結核、二十四歳）、正岡子規（俳人・文学者、肺結核、三十四歳）、尾崎紅葉（小説家、胃癌、三十五歳）、国木田独歩（詩人・小説家、肺結核、三十六歳）、石川啄木（詩人、肺結核、二十六歳）、長塚節（歌人、喉頭結核、三十五歳）、宮沢賢治（童話作家・詩人、肺炎、三十七歳）、小林多喜二（プロレタリア文学作家、拷問死、二十九歳）、中原中也（詩人・歌人、結核性脳膜炎、三十歳）、立原道造（詩人・建築家、結核、二十四歳）、八木重吉（詩人、結核、二十九歳）、青木繁（洋画家、肺結核による衰弱死、二十八歳）、佐伯祐三（洋画家、衰弱死、三十歳）、岸田劉生（洋画家、胃潰瘍、三十八歳）、ショパン（作曲家、肺結核、三十八歳）、メンデルスゾーン（作曲家、クモ膜下出血、三十八歳）、モーツァルト（作曲家、死因不明、三十五歳）、シューベルト（作曲家、病死、三十一歳）、ランボー（詩人、骨肉腫、三十七歳）といった方々です。

日本人では、昔は結核により若死にした人たちが多く、外国人では、結核より原因不明の病死や不慮の死があるようです。天才たちは、激しく燃え尽きるように人生を駆け足で走り去ったのです。

薄幸だった天才たち

天才の生い立ちをみると、子どもの頃に親との死別、貧困など厳しい家庭環境に育った人たちが多くみられます。そのことが、のちに天才の業績にいかに影響を及ぼしたかを考えてみましょう。

まず、フランスの小説家・劇作家・哲学者のアルベルト・カミュ。誕生の翌年に父が戦死し、母と祖母とアパートに移って貧民街で生活することになりました。視覚障害の母を含め、読み書きできる家族はいなかったそうです。貧困でしたが、地中海の豊かな環境に育っています。小学校教師に才能を見いだされ、高等中学まで奨学金とアルバイトをしながら通学し、二十歳で結婚しますが、一年で離婚します。結核にかかりますが、『異邦人』『ペスト』などを執筆し、四十三歳の若さで「ノーベル文学賞」を受賞しました。自動車事故で急逝、四十六歳の波乱の人生を閉じています。

身体のハンディを克服した天才もいます。最も有名なのが、大作曲家ルートヴィヒ・ヴァン・ベートーベンでしょう。十六歳で母と死別し、アルコール依存症の父に代わって生計を担います。二十代後半から難聴が悪化して音楽家として絶望感が募り、三十一歳の時、「ハイリゲンシュタットの遺書」と呼ばれる手紙を書いています。三十五歳でテレーゼと結婚の約束を暗黙のうちに交わしたのですが、三十九歳の時に解消され、生涯独身を通しました。

「運命」「田園」などの交響曲を作曲し、四十歳のころから聴覚障害になるも、「第九」の作曲を行っています。鉛中毒症説もありますが、肝硬変により五十六歳で病死しました。

逆境で育む精神力

「大きくたたけば大きく響き、小さくたたけば小さく響く、もし馬鹿なら大きな馬鹿で、利口なら大きな利口だ」

坂本龍馬は西郷隆盛を評してそう言ったそうですが、確かに二百六十余年続いた武家社会の幕藩体制を崩壊させた意味では、西郷隆盛は時代を動かした偉才と言えます。

西郷は下から二番目の下級武士出身で、三十一歳のとき、安政の大獄で幕府に追われ、僧の月照と海に身投げますが、西郷だけが助かって島流しになり、奄美大島から沖永良部島に二度投獄されました。三十八歳の時に薩長同盟を締結し、戊辰戦争では勝海舟と話し合って江戸無血開城を果たし、後に陸軍大将を辞して郷里に帰り、西南戦争の指導者となりますが、敗れて城山で自刃して果てました。

二回も自殺を図り、島流しや投獄などの試練に遭っても、下級武士から出世の道を開き人望が厚かったようです。西郷隆盛は逆境を味わい、天からのインスピレーションを授かり歴史を動かし、その座右の銘は「敬天愛人」でした。天を慕って人のために尽くして、死んでも本望という生き方を貫いた偉人中の偉人と言われています。

一方、今世紀の歴史上の偉才と言えば、アップルの創業者スティーブ・ジョブズではないでしょうか。ジョブズはコンピューターというものの概念、価値、あり方を変えました。それは確かに奇才的なひらめきから生まれたものでしょう。

ジョブズの母親は出産当時、未婚の大学院生でした。生まれると直ちに乳飲み子の彼を養子に出したのです。ジョブズは大学生になって「両親が一生をかけて貯《た》めたお金を意味のない教育に使うことに罪悪感を抱いた」として中退、放浪の旅に出たそうです。後に自分が作った会社をクビになるなど、人生の挫折など数々の試練を体験して「失敗を恐れるな」と若者に投げかけました。彼は彗星のごとく現れ、五十六歳という短い人生で惜しまれつつこの世を去りました。

ジョブズは禅や瞑想に傾倒していました。それはマインドフルネスという瞑想の一種で、アメリカの大手企業の知的エリートたちは、ジョブズの影響で「意識を『いま、ここ』に置く」というメディテーションによる自己制御法を研修に取り入れています。

このように、天才、偉才、奇才と言われる人たちの生い立ちをみると、なぜか、幼児期から生育期にかけて不遇な境遇に耐えている様子が伺えます。彼らは幼少期に親との別離という運命にさらされて、余儀なく貧困生活を送り、孤独感や寂寥《せきりょう》感を覚え、あるいは絶望感にさいなまれています。

しかし、多くの点で共通するところは、天性の才能ばかりでなく、孤独に打ち勝つ強い精神力、自分で考え、自分で行動する自立心、忍耐力、集中力、さらに人一倍強い好奇心に燃え、自分の本当に好きな道一筋に努力する気概です。「試練は自分に与えられた問題集」であり、「試練こそは、魂を磨く修行の場」なのです。

この世に生まれてきた以上、私たちにはそれぞれ今生で果たさなければならない使命や役目というものが課せられています。しかし、大多数の人々はそのことに気づかず、単に安楽な幸せを求めて生きています。この世は〝魂を磨く修行の場〟であり、私たちは「魂の進化向上」のために、この世に生かされているのです。

例えば、重い病気にかかって命さえ危ぶまれたとします。しかし、介護のおかげで命が助けられたとしたら、生きるありがたさを実感し、命の尊さと救われた感謝の気持ちが心から湧き上がることでしょう。

「魂を磨く」視点から考えれば、過酷な試練が与えられ、絶望の淵に突き落とされても、それを乗り越えることができたとしたら、苦しい試練の体験は、人によっては忍耐力、精神力、意志力、そして胆力、知力、包容力、統率力などの資質が養われて、人間的にひと回りもふた回りも大きく成長することでしょう。

幼少年期に過酷な環境に置かれるのは、人生の試験問題を解くようなものかもしれません。とかく子どもの頃から何不自由なく甘やかされて育った人は、依存心が強く忍耐力に乏しく、何事にも飽きっぽい性格となります。努力を嫌うようになり、大人になっても根気、根性がなく、中途半端な人生を送ることになりがちです。「かわいい子には旅させよ」との故事があるように、あえて他人の飯を食べて苦労させることは、世の中のつらさ苦しみを経験させることで、人間性の成長にとって大切なことと言えましょう。

人間は、苦悩を体験することによって、別の世界の扉を叩くことになります。そのことが、無限の可能性を開くことになるでしょう。

天才と狂人は紙一重か?

「天才と狂人は紙一重」とか言いますが、風変わりな天才は、一般常識をわきまえず、普通の人から見れば桁外れの奇人変人と思われ、常識にとらわれず、身なりなども無頓着で他人と合わせることが苦手なマイペースの人が少なからずいるという印象があります。

また、性格的には興奮、幻覚、妄想などを発症するタイプの人や、浪費癖、女性好き、ギャンブル好き、アルコール依存症、精神障害、自殺願望など、人格的にも問題視されている人もいるようです。

精神障害のある人の中には、往々にして神経過敏であるがゆえに、感受性が敏感で「ひらめき」を受けるのみならず、神秘的な霊的作用を受けやすい人もいるようです。天才たちは鋭敏な感性により霊的な憑依《ひょうい》も受けやすく、低級霊が憑《つ》いて、人格障害や自殺願望を持つという因果関係があるように思われます。

しかし、天才たちは並みの人間では到底考えられない「ひらめき」や卓越した創造力、奇想天外な「インスピレーション」を受信する能力に優れ、優れた作品や驚異的な発見、発明を成しています。

有名な天才中の天才というべき人物を七十八人選び、「創造性と狂気は紙一重とする研究」を行ったヴィルヘルム・ランゲ・アイヒバウムというドイツの病跡学者は、「精神病者は三七パーセント、精神病的症状のある人は八三パーセント以上に対して、精神的に健康な人はわずか六、五パーセントにすぎなかった」という結果を二〇一二年十月に発表しています。

さらに、芸術的創造性と精神疾患が共通する遺伝子で発現するという研究結果がイギリスの科学誌「ネイチャー・ニューロサイエンス」（二〇一五年六月八日）に発表されていて、「精神疾患リスクと関連する遺伝的背景が発病していない場合にも創造性に影響しているようだ」と結論づけています。

確かに天才と言われる人々は精神疾患からか、型破りな奇人変人タイプに多く見られます。特に作家や詩人、画家、音楽家などの天才的芸術家に多く、霊的感受性の鋭敏性な天才には顕著《けんちょ》に表われ、奇想天外である「ひらめき」と関連性があるように思われます。

自分の地位や権力ばかりを考えている政治家とか、融通性に乏しい官僚のような秀才タイプよりも、天才の方が世の中のために役に立つ偉業を達成し、人間性にもあふれて、どこか愛すべき人たちであり魅力を感じます。

天才が奇人変人の訳は？

天才と言われる人では常識をわきまえている人はもちろんいますが、何らかの精神疾患、あるいは精神異常をきたしている人とか、双極Ⅱ型障害（そううつ病）を繰り返す障害者もいます。このような人は気分の高揚期と停滞期があり、高揚期には精力的に仕事に集中しています。

日本の代表的文豪と言えば夏目漱石ですが、高揚期になると執筆が思うように進み、短編小説なら三、四日ほどのスピードで書き上げたそうです。また、精神疾患というわけではなくインスピレーションの感受性能力のある人では、霊的感覚を受ける人もいます。宮沢賢治や川端康成、土井晩翠などは、霊的感受性が鋭敏だったと思われます。

超記憶力とか、超計算力、音を一度聞いただけで演奏を再現できるとか、数カ国語を話す語学の天才などは「サヴァン症候群」と言い、また知的障害や発達障害者のうちで、ごく特定な分野に限って驚異的能力を発揮する者もいますが、これらの症状の人と創造的な天才とは別なタイプです。

ただし、単なる奇人変人とは大いに違って世に天才と評価される人物は、特に優れた才能があり、自己顕示欲と精神的なバイタリティーが旺盛ですが、その奇行ぶりからみると奇人変人と紙一重ともいえます。

天才の特徴は、一般の人と比べると、天賦《てんぷ》の才能で感受性が鋭い人が多いことです。従って、インスピレーションを感受する「ひらめき」の鋭敏さには特に優れているようです。

先に述べたように、多くの天才たちは成長期においては、裕福でしかも何不自由ない、甘やかされて育てられたものとは違い、孤独で苦難な貧困生活に耐えざるを得ない環境にあったために、不屈な精神力と忍耐力洞察力が養われたように思えます。

ロシアの大作家ゴーリキーは、十一歳で孤児となり、丁稚、皿洗い、人足など成長期に過酷で貧困の中から身を立て、「どん底」を著し国葬となります。

イタリアの詩人ダンテは、五歳で母を、十二歳で父を亡くし、孤児となりますが、インスピレーションを受けて大叙事詩「神曲」を仕上げました。

ロシアの文豪トルストイも、二歳で母と、九歳で父とも死別、孤児となりますが、孤独な環境にあったため、何事に対しても根気強く、持続力や集中力が培《つちか》われて、大作「戦争と平和」「アンナ・カレーニナ」を著しました。成育中に、集中力と執念深く追い求めていくタイプの人間形成がなされたように見受けられます。彼は、その著作の財産を貧困層に援助したと言われています。

レオナルド・ダビンチは私生児として生まれ、幼少期は孤独で貧しかったのですが、知的レベルは高く、芸術面のみならず学術面の研究でも万能の極《ごく》まれなる天才でした。

天才の子孫は、遺伝的に天賦の才能を受け継ぐとの説がありますが、天才の家系に天才の子孫が生まれたというケースは稀《まれ》のようです。

奇行の天才

ここで、いわゆる奇行とも言うべき天才たちのエピソードを紹介します。

奈良女子大学名誉教授だった岡潔博士は、世界の数学者で誰も解けなかった「多変数複素解析関数論」を見事に解いた偉大な数学者でした。三十歳代のときに「心神喪失状態」になったと言われています。四十歳の頃、十二年間、研究に専念するために無職の時代が続き、精神のバランスを崩して入院しましたが、療養が長くなり、家計は苦しくなって家を手放す羽目となったとも言われています。奨学金をもらっても、生計が立たずに村人の好意で物置小屋に住んで、ひたすら数学に専念するなど、家計には疎《うと》かったそうです。

岡博士は純粋な天才学者であるがゆえに、奇行の人としても有名でした。

奈良女子大学内を散歩中、いきなり道端《みちばた》にしゃがみ込んで、地面に木片や石で難問の数式が解けるまで何時間も没頭していたと伝えられています。講演の時も一言も、しゃべらずに、壇上に突っ立っていたとか、壇上のマイクを指でトントンと叩き、「あ、あ、あ、本日は晴天なり」と返した後、教壇を降りてスタスタと帰ってしまったこともあったそうです。

さらに、大学の講義に行く際には道端の石を拾って、お地蔵様に投げつけて、もしうまく当たれば大学で講義しますが、当たらなければ家に引き返して休講にしてしまいました。電車に乗ると窓向きに正座したのは、よい景色を見ていると、数学の解答がひらめくからだそうです。

ほかにも、晴れた日でも長靴を履き、傘を手に持ち、腰に手ぬぐいをぶら下げ、服装はよれよれのスーツにノーネクタイ姿がトレードマークだったとか。誰もいない道端で演説を始めて、数学を解くのに夢中になると何時間でも道端にしゃがんで計算をつづけたので、通行人が驚いたとか、それこそ奇癖は枚挙にいとまがありません。

世界的業績の認知度が高まり、文化勲章の受章の際、いつものトレードマークの服装で行くと言い出したとか。奥さんは、皇居での授賞式なので、さすがに説得するのに困ったそうです。受章の折には、天皇陛下から、「数学はどういう学問か」とお尋ねになられたとき、「数学とは生命の燃焼です」と、答えたそうです（陛下が理解されたか否かは不明ですが……？??）。

「二〇一二年、天照大神が降臨する」と奇異な予言を告げたものの、一般には理解されず、稀代《きだい》の天才数学者は七十六歳で昇天されました。

世界の発明王と言えば、トーマス・エジソンですが、彼の奇行は世界的に知られています。

少年時代には、異常なほど「なぜ？」を連発、先生を困らせたので、「君の頭は腐っている」と言われ、結局、わずか三カ月で校長から退学を勧められてしまいました。仕方なく、母親が家庭でエジソンに勉強を教えたそうです。

しかし、好奇心旺盛で「なぜ物は燃えるのか」知りたいと、藁《わら》を燃やしていたところ、自宅の納屋を全焼させてしまったとか。化学の人体実験では、人間が空を飛べるようになる薬を作ろうと考えて、ヘリウムガスを自作、この薬を飲むと体内でガスが発生し、その浮力で人間が浮き上がるはずだと考え、友達に飲ませたところ、腹痛を起こして七転八倒と大騒ぎになったこともあったそうです。

実験室にベッドを持ち込み寝食も惜しんで実験に励み、何度も失敗を重ね、一万回以上も材料を変えて実験、ついに日本の竹で白熱電球のフィラメントを発明するに至ったとされています。

一瞬のひらめきを得て生涯に千三百件もの発明を成し遂げ、発明王との異名がつけられました。晩年には霊界との交信機の研究に余念がなく、未完成のまま、八十四歳で天国に旅立ちました。

数々の奇行で有名なスペインの画家といえば、ピンとはねたトレードマークのひげでおなじみのサルバドール・ダリですが、彼は講演会に招かれた際に潜水服で登場し、酸素不足で呼吸困難に陥り、観客に救助されたという逸話が残っています。

そのほか、奇行の天才としては、ニコラ・テスラ、モーツアルト、葛飾北斎、石川啄木、野口英世、南方熊楠、豊臣秀吉、ビクトル・ユゴー、ゴッホ、ピカソといった人たちがいます。

同年生まれの「喜劇王と独裁者」

一人は世の人々に笑いと感動を与えた「喜劇王」と呼ばれ、もう一人は世の人々を恐怖のどん底に陥れ「独裁者」として恐れられた、同い年の対照的な人物がいます。共通点としては、その生い立ちは貧しく、いばらの道を歩き、世に忽然《こつぜん》と現れて有名となった人物です。

生まれがわずか四日違いという二人とは、「喜劇王」となったチャールズ・チャプリンと「独裁者」だったアドルフ・ヒトラーです。チャプリンは一八八九年四月十六日生まれで、ヒトラーは同年四月二十日生まれ、二人はわずか四日の違いでした。

チャプリンの父親がアルコール依存症だったために、両親は一歳の時に離婚、チャプリンは幼少の頃から母親と二人の貧しい暮らしでした。働き手もなく、極貧ゆえに食べるものにもこと欠き、マーケット裏に捨てられた残飯を拾って食べていたこともあったそうです。その後、母親が精神的に破綻し、彼は孤児院にひきとられました。その後、印刷工や新聞の売り子などとして働き、生きるためにコソ泥までやったそうです。二十三歳の時に映画プロデューサーの目にとまってハリウッド映画入りし、山高帽、ちょびひげ、だぶだぶのズボンというトレードマークを考え出し、『成功争ひ』を第一作として、全米で『キッド』が大ヒットしてロンドンに凱旋帰国しました。そして、『黄金狂時代』『サーカス』『街の灯』でも成功し、後に機械文明と資本主義を嘲笑《ちょうしょう》した『モダン・タイムス』やナチス批判の『独裁者』を発表するなど、天才的な喜劇俳優として大成しました。

一方、アドルフ・ヒトラーはオーストリア生まれのドイツ国民でした。父親が前妻を亡くしたので、この家の女中の母親が後妻になり、彼は私生児とされますが、母親からは溺愛されました。勉強嫌いで小学校を落第し、卒業していません。美大を二度受験しましたが失敗、挫折してホームレスのような生活をしています。世界大戦が始まる前に、自らドイツ軍に志願して、そこで演説の才能をいかして、首相、国家元首の座にまで上りつめ、独裁者として君臨しました。しかし戦争に敗れ愛人と自殺せざるを得ず、今やユダヤ人迫害の狂気の天才として歴史の片隅に葬り去られてしまったのです。

心霊に興味を持った天才たち

心霊現象に興味を持った天才たちもいます。ビクトル・ユゴー、アーサー・コナン・ドイル、トーマス・エジソン、ユング、日本人では、宮沢賢治、川端康成、三島由紀夫、土井晩翠などです。この中では、前述したように、エジソンが晩年、霊界について興味を持ち「霊界通信機」を公案しようと考えましたが、完成には至らず、先に本人が霊界に旅立ってしまいました。

これまで挙げた天才たちの足跡をみると、その偉大な創造力や発見、発明のヒントになった源泉は、天界、神仏、祖先霊からの『ひらめき』によるインスピレーションからと思われます。

天才たちのＩＱ

ここで、世界の天才のＩＱ（知能指数）を調べ（推定）てみます（出典self-study-site.com　via:therichest・原文翻訳：riki7119）と、ミケランジェロ、ニュートン、パスカル、ダンテなどもＩＱは高いようです（表1）。ゲ

表1　世界の天才のIQ

ゲーテ	IQ　210
ダビンチ	180～190
アインシュタイン	160～190
ホーキング	160

ーテは三歳前に読み書きができるようになり、九歳で詩を書き、フランス語、イタリア語、英語、ギリシャ語、ラテン語、ヘブライ語が分かったそうです。バイロンは十二歳で詩を書き、ヴォルテールはゆりかごの中で詩を作り、パスカルは十三歳で偉大な思想家になっていました。作曲家ではモーツァルトが五歳で作曲を行い、ハイドンは六歳で、メンデルスゾーンが九歳で作曲を始め、ベートーベンは十三歳でソナタを三曲作っています。

しかし、必ずしもＩＱが高いとも言えない人もいます。ダーウィンやバルザックはＩＱや成績も良くなかったようです。エジソンやアインシュタインは小学校になじめずに中退しており、母親が先生代わりに家庭で教えました。

ニュートンは、ＩＱは高かったようですが、学業成績は最も悪かったそうです。ほかにもＩＱが非常に高いと言われた人もいますが、ＩＱが高いというだけで必ずしも創造的偉業を成すとは限りません。

「多くの天才は早熟ではあるが、早熟児が天才になるとも限らない。五つで神童十で才子、二十歳過ぎればタダの人という例もあるので。松果腺が障害される性的早熟と同時に精神的な早熟をあらわす」と、宮城音弥氏（東京工大教授）は著書『天才』（岩波書店）で述べています。

第3章

「ひらめき」を受けるには?

「ひらめき」を受けるために

「ひらめき」を受けるときの状態は、夢うつつのとき、ぼんやりしているとき、瞑想しているとき、無我夢中で仕事をしているとき、好きな音楽に陶酔しているとき、一生懸命何かを書いているとき、ひたすら散歩しているとき、スポーツ競技中、恋人のハートを射止めたとき、試験に合格して有頂天になっているとき、一心に神仏を拝んでいるときなど、人さまざまです。

「ひらめき」を感じる意識は、時間を忘れて何かに夢中になっているとか、通常の意識状態ではなく、むしろ脳が空っぽのような意識状態になる、いわば変性意識状態の時に経験されています。しかし、当初から変性意識状態に入ろうと意図的に行ったものではなく、むしろ思いがけないときに「ピーン」

と感じることが多いようです。

意図的に変性意識状態に入って「ひらめき」を受ける方法があります。

それは瞑想、自律訓練法、精神統一、座禅、観想、ヨーガ、気功、催眠誘導法、読経、滝行、フィードバック、ランナーズハイ、感覚遮断、洗脳、幻覚剤などで、いわゆる意識のレベルが低下したときに起きることがあると言われています。

宗教的修行における座禅や難行苦行によって得る悟りは、無の境地、自他のない一体感、宇宙との融合感、神秘に打たれた恍惚感《こうこつかん》、光を全身に浴びたような陶酔感、慈愛に包まれた至福感などさまざまですが、これらの感覚は日常の感覚とは異質な高次元のものと思われます。まさに神秘体験というものは、言葉ではうまく表現できない不思議な内在的現象による感覚です。

平常心で自律神経を意図的にコントロールして意識レベルの低下を図ると、

顕在意識（思考時の意識）から変性意識状態（トランス状態）に、さらに潜在意識から無意識の領域に入り、ユングがとなえる人類共通の無意識に至ります。

一般的には、変性意識状態に入ると意識低下の状態となって被暗示性が高まり、心の障壁が開放されると、意識の拡大によって内界からは勘が鋭く働き、外界からは頭頂葉（頭のテッペン）が宇宙意識とつながったような感覚になって、インスピレーションを受けやすくなります。

変性意識状態というのは、普通の意識状態から意識が変容した意識状態のことで、頭がボーッとしている状態や心がハイになった状態になります。瞑想したり、大勢の読経やミサを聞いたり、神秘的な音楽を聴くとき、変性意識状態に入りやすくなります。これは、通常の意識から潜在意識に入る過程に変性意識状態があることを示しています。自分の意識で感じることは、体から力が抜けていく感覚、精神の安定感、意識の集中、時空を超えた感覚、ボーッとした恍惚感などの状態です。

それらを客観的に知るには、簡便な脳波計で測定することが可能です。通常の意識（ベータ波）から潜在意識、無意識（アルファ波～シータ波～デルタ波）へと脳波の低下する変化は、脳波計によってそのレベルを知ることができます。

変性意識状態に入ると、潜在意識から無意識へと過去に蓄積された知識が結合して、職業上の経験によって感覚が鋭くなり、勘や直感が冴《さ》えてきます。また、天界、宇宙意識、神仏霊、祖霊などの情報がインスピレーションとなって発信されると、それを鋭敏な感覚でキャッチすることができれば、いわゆる創造性のあるアイデアや発明、発見のヒントが獲得できるようになるものと考えます。

前述しましたが、エジソンは実験室にベッドを持ち込んで寝る暇も惜しんで努力を重ねて実験に励み、何度も失敗を重ねた過程から、ある瞬間のひらめきによって発明のヒントが得られたそうです。「発明は九九パーセントの汗と一パーセントのインスピレーション」との彼の言葉がありますが、発明するためには、努力と少しの「ひらめき」がヒントになったことを伝えたかったのでしょう。

今を活かす、「直感・直観」思考とは？

さて、これからの日本経済の見通しは、今後どうなるのでしょうか。多くの経済学者やエコノミストたちは、物事を常に分析的、ミクロ的な立場で将来の見通しを推測する習性があります。一方、企業経営者は物事を総合的にみて考える直観型の人が多く、経済の動きの奥に潜む本質を見極めようとする習性があります。

いわゆる科学的な分析方法で予測を立ててもあまり当たらないのは、政治や気候変動などの要素もあり、理論どおりの方法では流動的であり、予測が困難だからです。むしろ合理的な経験を基に瞬間的に働く「勘」や「直感」「直観」によって感受すると、強運に導かれるようです。

「直感」は、過去の記憶が潜在意識に蓄積され、無意識状態になったときにその蓄積された記憶同士が自在につながり、一瞬のひらめきとして内部からよみがえるものです。いわば熟練者の「勘」と同意義のものです。

一方、「直観」はインスピレーションと同意義で、「霊感」「魂」とか「天界」による外界からの導きによる「ひらめき」であり、推理でなく物事の本質を見抜く力があります。目標への達成にヒントを与え、成功へと導いてくれるものなのです。

ある友人が、会社で業績向上のために斬新な企画の提案を上司から求められましたが、なかなか良いアイデアが浮かびません。ところが、お風呂に入って「ボーッ」としていたところ、良いアイデアがひらめき、企画書にまとめたら採用されました。その結果、会社は業績が向上し莫大な利益を上げたのです。おかげで彼はボーナスで高い評価を受けたと、「ひらめき」の効用を語っていました。

人生のターニングポイントである受験、就職、結婚、転職、離婚など、さまざまな時点で「選択」の決断をしなくてはならないときがあります。日常でも仕事、外出、買い物、旅行、デートなど、その時の選択によっては運、不運の分かれ道に立たされることがあります。

なぜか「行きたくない」とか「雨が降ろうが、ぜひ行ってみたい」とか、フト思ったら、この「ひらめき」に素直に従うことが望ましいのです。これは潜在意識による内界からの「直感」ではなく、外界からの「直観」であり、この直観の「ひらめき」の感受性を磨いておくと、運気が良い方向に導かれます。

心のブロックが除かれると?

変性意識状態になると、心の障壁《ブロック》が取り除かれやすくなります。

一般的に変性意識状態になる時とは、夢見のとき、白昼夢、催眠状態、瞑想、精神統一、座禅、読経三昧のとき、荒行や弛緩法、フィードバック、ランナーズハイ、感覚遮断、幻覚剤などによって引き起こされる意識状態のことです。

これはシャーマニズムのトランス状態、神秘体験に誘発された意識でもあり、誰でも経験することがある意識状態です。就寝前後の夢うつつのとき、飲酒による酩酊《めいてい》状態、夢中の状態、スポ―ツ競技中、試験に合格して有頂天のとき、カラオケで夢中になっているときでも変性意識状態になることがあります。

一般的には、変性意識状態になると被暗示性が高まり、五感を超えて常識という意識の壁が開放され、意識の拡大により体の内外から勘や直感、直観などのひらめきが得られ、創造、啓示、霊感、悟りなどが、心の防御なしに獲得できる状態になりやすくなります。

素晴らしい音楽、絵画、彫刻などや映画、舞台鑑賞での歓喜に満ちた体験とか、滝行や読経、座禅などの修行でも変性意識状態になるとされています。

意識の拡大とは？

一般的に、変性意識状態に入ると意識低下の状態となり、被暗示性が高まり、心の障壁が開放されます。瞑想者がよく使う「意識の拡大」という状態です。その感覚は人さまざまのようですが、自分から宇宙へと広がりゆくマクロコスモス（大宇宙）感覚とか、逆に自己から分子、原子、素粒子へのミクロコスモス（小宇宙）感覚へつながっていく、ある意味での意識の拡大の可能性を言います。

感覚としては、「インスピレーション」によって思いがけない重要なヒントが授かったり、さらには本来見えないものが見えたり、聞こえないものが聞こえたり、過去〜現在〜未来という時間、空間のない世界への意識感覚を得ることもあるとされています。

人にもよりますが、瞑想などで変性意識状態から無意識に入り、「直観」の「ひらめき」を受けて霊感を得たり、神々しい光を全身に浴びた神秘体験を受けて霊性に目覚めたり、自他のない全ては一つという深い悟《さと》りの境地に至って（ワンネスとも言う）人生観が変わる人さえあるようです。

精神障害の症状のある人の中には、往々にして神経過敏なるがゆえにインスピレーションを鋭敏に感じる人がいますが、こういう人たちは神秘的な霊的作用も受けやすい傾向があります。霊に鋭敏な霊媒体質者は、低級霊が憑くと人格障害を及ぼすことがあり、自殺への願望が募《つの》ることも考えられます。

前述しましたが、特に有名な天才中の天才というべき人物を七十八人選んで、「創造性と狂気は紙一重」とする研究を行った、ドイツの病跡学者ヴィルヘルム・ランゲ・アイヒバウムは、天才七十八人のうち、精神病者は三七パーセント、精神病的症状のある人は八三パーセント以上に対して、精神的に健康な人はわずか六・五パーセントにすぎなかったという結果を二〇一二年十月に発表しています。

彼はさらに、芸術的創造性と精神疾患が、共通する遺伝子で発現するという研究結果をイギリスの科学誌「ネイチャー・ニューロサイエンス」（二〇一五年六月八日）に発表していますが、「精神疾患リスクと関連する遺伝的背景が、発病していない場合にも創造性に影響しているようだ」と結論づけています。

必ずしも遺伝的形質によって精神疾患になるものではありませんが、鋭敏な感受性において遺伝は関連性があるかもしれません。確かに天才と言われる人々は、精神疾患からか、型破りな奇人変人タイプに多く見られます。

しかし、融通性に乏しい秀才タイプの人よりも天才の方に奇想天外な人間的魅力を感じるのも確かです。

ただし、インスピレーションを受けるのは天才だけではありません。一般の人でも、何か課題に長く取り組んで無心に情熱をもって打ち込んでいると、直感やインスピレーションというひらめきの感覚が受けやすくなるものです。「直感」では、ベテラン刑事、名工の匠《たくみ》、株のディーラー、監督、俳優など創造性の仕事に携わって、職務に長年精通している人の場合、経験的に「直感」が冴えてきます。

また、常識という既成概念にとらわれず、瞑想や精神統一をして真理に向き合い、自分自身を謙虚な態度で高め、霊的真理を学び、高級霊と触れ合う意識を持っていると、宇宙意識とか神仏からの高い「インスピレーション」の波動エネルギーが受けやすくなってきます。

ベートーベンの言葉にも、「一杯のコーヒーはインスピレーションを与え、一杯のブランデーは苦悩を取り除く」というのがあります。ただし、受ける側の波動の感性が低い場合には、せっかくの高い波動の想念や思考が発信されても受け止められないでしょう。

普段は自分では意識していない、いわゆる思い込みという心のブロックを取り除くために、瞑想によって無意識に近い状態になるようトレーニングを行う必要があります。今という瞬間にも、あなたには絶え間なく宇宙を包む神や仏から想念が送られ続けているのです。カール・ユング（スイスの分析心理学者）の説く「集合的無意識」のような状態、この源泉こそは人類共通意識、宇宙意識ともいうべき情報の宝庫です。

一般的に、変性意識状態になると、被暗示性が高まって意識の障壁が開放されます。そうなると宇宙意識による直観などが感じられるようになりますが、「ひらめき」を受けるためには敏感なアンテナが必要となります。前に述べたように、本来、人間には誰でも備わっている感覚なのですが、現代人はその機能が退化しているので、本能的感覚を再び呼び戻さねばなりません。

人類共通の無意識とは?

ユングの分析心理学では、無意識とは「人類の歴史が眠る宝庫のようなものである」と唱えています。ユングは、精神疾患の患者が話すイメージに世界各地の神話や伝承と一致する共通点があることに気づき、われわれ人間の無意識のさらに奥には人類共通の「集合的無意識」があると考えました。そして、人類が共通するイメージを呼び起こさせる力を「元動」と名づけました。

ユングは「女神、菩薩、マンダラのもととなる信仰は、意識の薄れたトランス（催眠）状態の中で生み出される。よって、これらは意識下の無意識がもたらしたイメージにほかならない」と言っていますが、これは、無意識とは意識がなくなるのではなく、いつも忘れ物をしていても気づかず、また傘を電車の中に忘れてしまうようなことを言います。

ユングは、このような人類共通の無意識を「集合的無意識」と呼んでいますが、さらに彼は、共時性を意味のある偶然の一致《シンクロニシティー》と呼びました。

有名な偶然の一致では、アメリカ合衆国十六代大統領エイブラハム・リンカーンと三十五代大統領ジョン・F・ケネディですが、二人には驚くべき偶然の一致がみられました。まず、リンカーンが議会に選出された百年後に、ジョン・F・ケネディが選出されました。さらに、二人は黒人の権利平等を訴え、ともに夫人の目前で銃弾に倒れました。

いずれにせよ、無意識の奥には、ユングの説く人類共通の無意識があり、これは宇宙意識ともいうべき叡智《えいち》の宝庫ですから、この源から発信されるインスピレーションをキャッチできるなら、物事の本質を見通す感覚力が強まり、先見の明ばかりでなく、あらゆる点で強運の道が開けることでしょう。邪念や妄想なく、曇りなしに心を開けば、叡智の宝庫「直観」から本質の声が聞こえてくるようになります。

では、どういう意識状態の間隙に光が差し込むように、「ひらめき」が得られるのでしょうか。ひらめきは、一瞬の神秘体験でもあり、言葉ではうまく表現できない感覚ですが、思いがけないときに「ピーン」と感じる感覚です。ひらめきをキャッチするには、鋭敏な感受性のあるアンテナが必要ですが、一般の人は使われなかったために受信するアンテナが錆びついているのか、指向性が合っていないかもしれません。

「ひらめき」を感じるには？

それでは、「ひらめき」を感じるにはどうすればいいのか列記します。

①自然にふれて

川のせせらぎ、潮騒、鳥や虫の声、花々の香り、樹々の緑、そよ吹く風に揺れるこずえのざわめきなど、自然界には音や香りによる安らぎのリズムが満ちあふれています。自然の揺らぎは「1／fゆらぎ」と言われて、心身をリラックスさせる効果があります。それは太古から人類が森や海辺に暮らし、遺伝子に刻み込まれ受け継がれた古《いにしえ》へのノスタルジアなのかもしれません。

ビバルディは水の流れ、雨音、雷鳴などでも楽曲で表現を試み、鳥のさえずりから名曲「四季」を作曲しました。ベートーベンの「田園」は、クラリネットがカッコウの鳴き声を表現し、小鳥のさえずりも楽曲に表現されています。

印象派画家モネ、ルノワール、ゴッホなども自然をテーマに描いて、詩人、作曲家、小説家なども自然とのふれあいによってひらめきを得て、芸術的な意欲を湧き立たせ見事な作品を残しています。

②聖なる所

大自然の中に佇《たたず》んでいると、心地よい気持になり、身も心も洗われるように癒やされ、全身がリフレッシュしてきます。さらに大宇宙・大自然の営みを考えるとき、人智が到底及ばない偉大な力に驚嘆と畏敬の念を感じざるを得ません。

古代から人間は自然の山、海、森林、巨石、そして天空の太陽、月、星や雨、風、雷、竜巻などの自然現象にも神や精霊が宿るものと考えていますが、これが原初的な自然崇拝を対象とする原始宗教の「アニミズム」と呼ぶものです。

深山にこもって悟りを得るために厳しい修行を行う修験者たちは、ご神木や巨石の磐座《いわくら》などに神が鎮座するものとして崇《あが》め、ここを聖域として祀《まつ》ってきました。

弘法大師の霊場としてお遍路が巡る四国八十八カ所とか、神社、寺院の境内など、神聖な場所は神が宿る聖域とされ、また断層地帯のゼロ磁場などのエネルギー・パワーが発する場所も、目に見えませんが、〝気〟がみなぎるパワースポットにふさわしい場所と見なされるでしょう。

③瞑想のとき

瞑想は座禅や精神統一などに取り入れられ、偏見や先入観、思い込みなど心の障壁を取り払って内的意識に心を鎮《しず》めると、心身の安定や直感が研ぎ澄まされる効果があります。

一瞬のひらめきで真理を悟った禅僧の話もありますが、必ずしも宗教だけではありません。欧米では、能力開発の向上、大学芸術学部の創造性開発やスポーツのイメージ・トレーニング、イメージ療法、ヒーリングなどでも瞑想を習慣づけるためのセッションが行われています。日本でも、オリンピックのアスリートたちのなかには、ロサンゼルス大会以降、イメージ・トレーニングを行うアスリートが多くなりました。

いわば瞑想によって、モノの本質を見抜く直観的な能力が養われ、さらに成功達成や創造性を高める効果とか、意味ある偶然の一致にもアクセスでき、ストレスを軽減できる効用もあることが知られています。

瞑想の実践者には、中曽根康弘、稲盛和夫、井深大、ビル・ゲイツ、スティーブ・ジョブズなど、多くの著名人たちがいます。

④入浴のとき

温かい湯に浸かると、末梢の血管が拡張されるので血液循環が良くなり、脳にも酸素や栄養素が促進され、いわゆる血の巡りが良くなります。特に温泉に浸かっていると心身代謝が良くなって、副交感神経が優位になり神経を鎮静化させる効果があり、癒されます。そしてあたかも白昼夢のような心持ちとなり、リラックスして感受性が高まります。そのとき、インスピレーションの「ひらめき」を感じやすくなってきます。

入浴中に「ひらめいた」というアルキメデスの逸話は前述しましたが、湯川秀樹博士もお風呂にゆったりと浸かってボーッとした状態になった時、ある重要な数式が「ひらめき」、忘れずにすぐ湯気で曇ったガラス窓に指で書いたことがあったそうです。

ナポレオンは入浴好きで、一人で作戦構想を練るのに二時間もお風呂に入っていたと伝えられています。

日本でも温泉好きな作家が多くいます。温泉宿で執筆した川端康成や芥川龍之介、太宰治、武者小路実篤、島崎藤村、尾崎紅葉などは、湯に浸かりながら創作構想を練っていたのでしょうか。

⑤散歩のとき

散歩は気分転換や健康増進に役立ちます。さらに身体を鍛えるとともに脳の血流を活発にして、ひらめきが得られるような効果があります。幾多の芸術家や発明、発見家たちは、毎日の規則正しい散歩こそがひらめきによる創造性や発明、発見のヒントを得るように思っていました。

ベートーベンは、難聴になっても、雨が降っても、毎日散歩したそうです。なぜかと言うと、インスピレーションの感受性を高めることに努めたからです。

チャイコフスキーも、毎日ほぼ同じ時間に決まって散歩に出かけ、散歩の合間に多くの曲想を得ていました。

ドイツの文豪ゲーテは、マイン川のほとりの小径を毎日欠かさず散歩したので、そこは「ゲーテの散歩道」として有名になりました。

スイスの教育実践家のペスタロッチは、規則正しく、毎日同じ道を散歩して思索を深めたそうです。

哲学者カントも、時計のように正確に決まった時間に散歩して思索にふけっていましたが、付近の人々は彼の通るのを時計代わりにしていたそうです。

⑥「イヤシロチ」

昭和初期に活躍した物理学者の楢崎皐月《ならさきさつき》博士は、さまざまな土地の現地調査を実施して大地の電流状態を研究しました。土地の良い場所を「イヤシロチ」と言い、土地の悪い場所を「ケガレチ」と呼んで、科学的な解明に努めました。「イヤシロチ」は、生命力を活性化させ植物が生育する土地、「ケガレチ」は反対に生気を吸い取り、枯れやすい土地とされています。

土地・場所の持つエネルギーというものは、植物の生育や人体にも作用を及ぼすので、良い土地を調べて居住すれば、健康や気運も開け、ひらめきも受けやすくなると言います。

一般的に土地の良し悪しを見分けるコツは、部屋の中に観葉植物を置き、植物がすくすく伸びる家なら「イヤシロチ」であり、枯れやすいと「ケガレチ」と言えるでしょう。なお、土地・住居を「イヤシロチ」にするには、湿気や邪気を吸うとされる木炭や竹炭を床下に敷くと湿気を調整し、健康や運気にも良いと言われています。

⑦無我夢中のとき

勉強、仕事、趣味、スポーツや修行でも、無我夢中になり、ふと一息入れた瞬間に「ひらめき」を感受しやすいと言われています。何事でも真剣に集中しているときには時間的観念がなくなってきます。「あっ！　もう、こんなに時間がたったのか？」と思われる瞬間の刹那にひらめきを感じることが多いようです。苦境の渦中で天からのひらめきを感じ、これを霊性心と呼ぶならば、「人間として何が正しいのか」を常に問い、実践していくなかで得られるというのが稲盛和夫氏の至言です。

棟方志功という個性的な世界的版画家は、変人奇人で評判の人でした。棟方は物事に熱中すると、一切周りが見えなくなってしまうそうで、創作に入ると目の色が変わり、まるで神がかったように一心不乱に描いたそうです。ひらめきを得ると、画仙紙の上を跳ねまわったり、飛び回ったりして、一気に画を描くのだそうです。まさに天才肌のひらめきの達人だったのでしょう。

⑧夢見のとき

芸術家や科学者が、夢から創造、発見のヒントやアイデアを得たという話は多くあります。

　世界的に大ヒットしたビートルズの名曲「イエスタデイ」は、メンバーのポール・マッカートニーが夢の中で聴いた音楽を譜面に書き写したものだそうです。ほかに夢からのインスピレーションを得た人は、ルネサンスの天才画家レオナルド・ダビンチが知られています。また幻想的なスペインの画家ダリ、楽聖ベートーベン、フランスの天才数学者アンリ・ポアンカレ、蒸気機関の発明者ジェームズ・ワットなども夢からひらめきのヒントを得ていたそうです。

　日本では夏目漱石「夢十夜」、宮沢賢治「銀河鉄道の夜」や、海外では「アラビアンナイト（千夜一夜物語）」、ダンテの「神曲」、スティーヴンソンの「ジキル博士とハイド氏」など、夢のひらめきからの逸話が知られています。

　湯川秀樹博士は、夢には重要な創造や発見を含めヒントが含まれているので常に枕元にメモ帳と鉛筆を用意していたそうです（詳しくは後述）。同じくノーベル賞に輝いた福井謙一博士も「科学的直観」を大切にしており、やはり枕元にはメモ帳と鉛筆を置いて就寝していたそうです。近年の脳科学でも催眠中の夢の効用についての研究が行われています。

⑨信念のとき

「信じる者は救われる」と言われますが、人は信念をもって生きていくことが大切です。「直観を信じる」には、不純な損得勘定を持たず、常に純粋で人類のために役立つ博愛精神を持つことが望まれます。人間は理性では分かっているつもりでも、動物心という本能が優位に働くと「分かっちゃいるけどやめられない」という欲望が優位になって矛盾する心理が働きます。

つまりは良心的「理性」と本能的「欲望」との葛藤と言えるでしょう。その本能を抑制するために、仏教者は五戒といって「『不殺生戒』生き物をむやみに殺してはいけない」、「『不偸盗戒』人のモノを盗んではいけない」、「『不邪婬戒』不道徳な行為はいけない」、「『不妄語戒』嘘をついてはいけない」、「『不飲酒戒』酒を飲んではいけない」と戒めています。

哲人・思想家の中村天風は「信念は人生を動かす羅針盤のごとき尊いものである。従って信念なき人生は、ちょうど長途の航海のできないボロ船のようなものである」と述べていますが、これは何事も信念をもって一心に励めば、天から導きの手が差し伸べられるということなのでしょう。

⑩祈りのとき

祈りには良い祈り、悪い祈りがあります。良い祈りとは、全人類の幸福と世界の平和を願う次元の高いものです。低次元の祈りは、憎い相手を呪うとか、自分さえよければとの自己本位の祈りです。本来、私たちがこの世に生まれてきた理由は、「魂の進化向上のため」であり、人それぞれに多少の差こそさえあれ「世の中に役立つ」ために使命を負って生かされているのです。従って、誰もが天職を通して世のため、人のために貢献しなければなりません。ですから、自分の背後にある〝大いなる源の声〟を通して、世のためにお役が果たせるように意識を向けて祈願するのが望ましいのです。天や神仏、祖霊や自己の背後霊に祈るとき、その祈りが純粋で真剣であればあるほど、私たちは霊的進化向上にとって最も望ましい方向に導かれ、次元上昇につながります。

大いなるものは、あなたに聖なる光のシャワーで祝福してくれることでしょう。

第4章　「インスピレーション」の源泉は？

「インスピレーション」とは？

　インスピレーションとは、「予想もなく、努力もなく、突然に、なんらかの解決が、外から、時には超自然的に与えられる場合の主観的体験。創造的思考や宗教体験にみられる現象」(『ブリタニカ国際大百科事典』ブリタニカ・ジャパン）であると定義されています。創作や思考の過程における瞬間的な「啓示、霊感」などを意味しています。

　インスピレーションによる外界からの一瞬の「ひらめき」を受けて、創作、発明、発見、先見の明などがヒントとなり、多くの天才たちは直観的ひらめきや着想を受けて偉業を成し遂げています。

　しかし天才のみならず一般の人でも瞬間的にひらめいて、斬新なアイデアにより仕事においても運気が好転することがあります。

「インスピレーション」の源泉は？

普段、私たちが意識して考えることができる意識を「顕在意識」と言いますが、通常、意識していない意識の方が無限の貯蔵庫のように潜在力が大きく秘められており、それを「潜在意識」と呼んでいます。日常的な意識状態でない意識を「変性意識状態（トランス状態）」と呼び、この状態になると、意識レベルが低下して自意識の障壁が除かれます。さらに、もっと意識が低下すると、潜在意識に蓄積された意識すらできない深い意識があり、それを「無意識」と言います。

「無意識」とは、意識がなくなっている状態ではなく、思考が止まり宇宙との一体感とか自他共に同化する「ワンネス」と言われる感覚であり、私もあなたも違いがない宇宙意識との一体感という人生観、世界観に変わる可能性があります。

「インスピレーション」と言われるものは、一体どこから送られてくるのでしょうか。無意識状態になると、自我と宇宙意識とが融合一体になると言いますが、「サムシング・グレート」の生みの親である村上和雄筑波大学名誉教授（遺伝子研究の第一人者）によれば「偉大な何ものか」だということです。いわゆる天とか宇宙、神仏など人智を超えた偉大なる存在を指しているのでしょう。

「宇宙の真理」と語ったのは、二十世紀最大の天才物理学者であるアインシュタイン博士です。

宇宙飛行士たちの中には、宇宙で「神」と遭遇したという人がいます。アポロ14号のエドガー・ミッチェル飛行士（宇宙航空学工学博士）は、「神の存在を認識して瞬間的に『真理』を悟った」と証言しています。全ての宇宙飛行士がこのような神秘体験をしている訳ではありませんが、宇宙の本質はいわゆる「神の存在」と認識したというアポロ15号の飛行士ジェームズ・アーウィンや、司令船「エンデバー」の操縦士アルフレッド・ウォーデンらは、宇宙から帰還して伝導活動を行うようになったと伝えられています。

高次元の発信源では、宇宙創造主、宇宙意識または宇宙神とも言われており、人智を超えた目に見えない大きな存在を指しているのでしょう。

さらに、次元が違うのか分かりませんが、神仏霊、祖霊、指導霊などの霊妙なる霊魂も含まれるものと考えます。

「インスピレーション」では、発信される波動エネルギーにも高低のレベルがあり、各々の波動と自身のレベルとが同調して「ひらめき」を感受するのです。

言い換えれば、「インスピレーション」の受け手側には、例えば芸術家、文筆家、科学者、起業家、経営者、霊能者や霊媒者や普通の人々など、それぞれの課題と能力のレベルに応じて直観的な「ひらめき」が感受されるものと考えます。

霊界交信について書かれた書籍として評価が高い『シルバー・バーチの霊訓』（アン・ドゥーリー編、近藤千雄訳、潮文社）には、「偉大な科学者も発明家も教育者も、元をただせば霊界からの実験道具にすぎない場合がある」との見解が記されています。

また、インスピレーションの発信源は「魂」の根源である「宇宙からの叡智か、神仏の高級霊界団からのメッセージ」との見方もあります。天界（魂）

からの「ひらめき」によって創造力、発見、発明、導き、示唆、啓示、霊示などが感受されるものと思われます。

原始時代の人類は、厳しい自然のなかで生存していくために、自然の猛威や天変地異を察知し、猛獣から襲われる危険から生命を守るために、超感覚的知覚（ＥＳＰ）が自ずと鋭敏になって、やがてそれが生存本能として人間に備わったのかもしれません。いわば人間が生き抜くために、生存本能として第六感の鋭敏な感覚が研ぎすまされていたのでしょう。

私たちの身体には、もともと、遠い先祖からの遺伝子として脈々と超感覚的知覚（ＥＳＰ）が備わっています。しかし、文明の進歩に従って生存のための本能的感覚が乏しくなり、潜在意識に封じ込められてしまったのでしょう。

アポロ17号宇宙飛行士ユージン・サーナンは「宇宙体験で私にもたらした大切なものは、〝神の存在の認識〟」だと述べています。また、科学を標榜《ひょうぼう》する現代、目に見えない超越的神の存在を認識すべきだとも提唱しています。

文学者、詩人、作曲家、画家など芸術家へのインスピレーションについては、かつて地上にいた時に同じ境涯であった霊界の人たちがインスピレーション（霊感）として地上に発信するとの考え方もあります。発明、発見は、ほぼ同時期に発表されるケースが見られますが、それはインスピレーションを同じような時に受けた「形態共鳴《けいたいきょうめい》」という現象ではないでしょうか。

霊界からの自動描画

ブラジルのサンパウロに、自分の手先が未知の力によって自動的に動き、霊界から発信された絵を描くという「自動描画」のガスパレットという人がいます。霊界からの絵というのは、ピカソ、ゴッホ、マチス、ルノワールなど、すでに亡くなった有名画家のみならず、時には無名の画家もあり、霊界の画家からインスピレーションを受けて自動的に彼の手が動かされて絵を描くのだそうです。

彼に霊界から有名な画家が乗り移り、絵を描かせるというのです。そこで、真偽を確かめるために、真っ暗闇でも描けるかどうか、実験を試みることになり、完全な暗室で描いてもらいました。実験の結果、有名な画家が霊界から彼の手を自由自在に動かして、それなりの画風で描いた「自動描画」だと認められたそうです。ただ、熟達すればそれも全く不可能なことではないかもしれません(図1)。

わが国でも昔から、霊能者や霊媒者の中には、あたかも霊に憑依されて自分の意識とはかかわりがなく、自分の手が自然と動かされ文字を書く「自動書記」という現象が知られています。日本ではかつて「神がかり」とか「お筆先」とも呼ばれ、「大本教」の出口王仁三郎や「天理教」の中山みきなどが「神のお告げ」として書き残しています。

イギリスの「死者の肖像画家」で知られるコーラル・ポルゲ女史は、霊界にいる故人からの「インスピレーション」を受け取り、生前にその人物とは全く面識がなくても、霊界からの通信を受け取って、生前の写真と見比べてみてもまったく同じ容姿の肖像画を描くことができたそうです。

イギリスの音楽霊媒師と言われるローズマリー・ブラウンは、子どもの頃に少しピアノをかじった程度なのに、彼女がピアノの前に座ると、霊界の著名な作曲家、例えば、リスト、ブラームス、シューベルト、バッハ、ベートーベンなどから託されたという作品を「インスピレーション」によって弾く

図1　自動描画

というのです。その真偽には賛否の意見が分かれますが、著名な作曲家風の作品を彼女がピアノで弾いている録音盤が発売されました。

インスピレーションを受ける能力は、一般の人でも敏感なアンテナさえあれば誰でも「ひらめき」を受けることができると思われます。ただ、天才と一般人のインスピレーションを受ける内容の違いは、常に課題に対する問題意識を持っているかによります。また、発信源と受け手側との次元の同調によって、当然受ける意味に違いが出てくるのは当然のことだと考えます。

「インスピレーション」を感じるときの条件とは?

偉業を成した天才たちは、絶えず問題意識を持続して燃やし続けています。

日本サイ科学会の浪平博人会長(工学博士)は、著書『感知力—混迷の中から新しい方向をつかみ出す』（プレジデント社）の中で「ひらめきが起きるときの条件」として、第一に強烈な問題意識の存在をあげています。いわば、「これは何なのだ」と常に考え続けている状態だということです。第二には、リラックスした状態が必要であると述べています。緊張が解けた状況の下で強く刷り込まれた問題意識が無意識に持ち込まれ、試行錯誤に試したところ奇想天外な良いアイデアが「ひらめく」と言います。第三は、ひらめきの多い人はよく感動する、何に対しても素直に心を動かしやすい性質だとも述べています。

「インスピレーション」を磨くには？

ここで、インスピレーションを磨く方法を列記してみましょう。

①心の障壁を取り除く

これまでのさまざまな体験や知識が潜在意識に蓄積され、それが思い込みとなって逆に心の障壁となり、自由な発想の妨げになっている場合があります。インスピレーションを受けやすくするには、心の障壁を取り除いて変性意識状態になるように努めることが望まれます。

②執念、集中力

創造性を発揮するには、強い集中力と創作や研究に対して没頭する執念と問題意識を持つことが重要です。前述した天才版画家の棟方志功は、我《われ》を忘れて版画に没頭し、「仕事をしているのは我ではない。仏様に動かされて動いているだけだ」と執念を燃焼させ、製作に夢中になり過ぎて、夜中になったのも忘れて部屋が暗くなったのに気づき「部屋がいきなり暗くなったぞ！」と怒鳴り散らしたそうです。

③洞察力

洞察力とは、物事を内面まで見通す力のことです。松尾芭蕉の有名な句に「古池や蛙飛び込む水の音」というのがありますが、古池に蛙が飛び込んで水の音がした、という変哲もない情景を詠んだものです。しかし、直観的に静寂な池でなければならないと芭蕉は見通しています。〝古池や〟の前句は、考えて、考えぬいた末に、後の句をつけたそうで、突然ひらめいたという逸話があります。「蛙の水音」を心で聞き、芭蕉は豁然《かつぜん》と悟ったのでしょうか。

④催眠

催眠術を受けると顕在意識から変性意識状態となり、閉ざされていた自我心の障壁が外れて、インスピレーションを感じやすくなります。霊能力者・御船千鶴子は、義兄から催眠術の手ほどきを受けたことで常識という意識の障壁が外れ、透視能力が開眼したそうです。エドガー・ケイシーは、催眠状態によるリーディングという手法で病気診断や人生上のアドバイスをしていました。

⑤夢

夢で見たことが現実になる〝正夢〟というものがあります。ドイツの有機化学者アウグスト・ケクレは、馬車で移動中に蛇がとぐろを巻いているような白昼夢を見てベンゼン環を発見しましたし、グスタフ・ユングが夢の研究をするきっかけとなったのは、自身が見た津波の夢でした。湯川秀樹博士は中間子理論のヒントを夢の中で得たと言います。量子力学の分野を確立したニールス・ボーアは「太陽の周りを回る惑星と同様に、原子核の周りを電子が回っている」状態を夢の中で見て、原子の構造を発見しました。また、ミシンを発明したアイザック・シンガーは、夢の中で「自分を殺しにくる戦士たちの槍には丸い穴が開いていた」というヒントを得てシンガー・ミシンを発明したのです。

レム睡眠（眼球運動）の時に人は夢を見ますが、一晩で四、五回、九十分ごとに夢見して、一生の三分の一は眠っていますが、その八分の一は夢を見ていると言われます。フロイトは「無意識の表れが夢だ」と言い、ユングは「心の眼である」と言います。

夢にはただの夢と、時には意味ある重要なメッセージが込められた夢もあります。古代ギリシャ人は「夢は未来を示す道しるべ」とし、夢を前兆として治療を行っていたそうです。現代では、夢分析家や夢治療家が存在しています。

⑥好きなこと

「好きこそものの上手なれ」という故事があります。人は好きなことに夢中でいると、感性が磨き上げられカンが鋭くなります。カン、ピュ、ー、タ、ーの長嶋茂雄さんは、立教大学時代の野球部の練習はかなりハードでしたが、野球が大好きでしたので、きつい練習でも楽しかったと言います。そこで野球に対する感性が大いに磨かれ、巨人では強打者の栄冠を勝ち取ることができました。

⑦聖なるふれあい

聖なる神社や神秘的な山林など、自然あふれる場所は、インスピレーションを感受しやすく、パワースポットと言われています。空海、日蓮などの聖人や修験者たちは聖なる場所にこもって経を唱え、心身の浄化を図って心を研ぎ澄ませ、聖なる声を感得して宗教的指導者になりました。バイオリンの名手でもあった科学者アインシュタインは、母親から聖書と聖なる曲を聞いて心身の浄化を図ったとされています。

インスピレーションを受け取る感性を磨く上での重要なポイントは、時には心の内を空っぽにしておくことが望まれます。いわゆるボーッとしてリラックスしている無意識の状態のときに起きやすいものです。ボーッとすることによって潜在意識に蓄積された過去の記憶が自在につながり、脳の神経線維を流れる電気信号が脳全体に広がるとき、ひらめきが起きて「直観」が冴えてくるのです。

夢は潜在意識下の幻想的世界の出来事で、一般的につかみどころがありませんが、正夢とか、インスピレーションにかかわるメッセージを含んだ夢には、素晴らしい英知が潜んでいます。

小説家ビクトル・ユゴーは「インスピレーションと天才とは一心同体である」と言っています。くり返しますが、インスピレーションは、創作、思索などの過程で突然浮かぶひらめきのことで、発明、発見のみならず、作曲や詩、文章も創作活動においても突然ひらめいて、時には神妙な感覚（霊感）を受けて自ずとペン先が動き出す自動書記という現象にもなるようです。

夢を通して現実を変えることができ、夢は二十一世紀最大の資源となるかもしれません。企業の社長や組織の経営者は、たえず決断を迫られています。

経営の神様と言われ、パナソニックの創始者松下幸之助氏は就職の面接で「あなたは運がいいですか？」と聞くそうです。そして、「正直に答えてください」という質問から人間性をみたそうです。「運がいい」と答える人の方が前向きで人に感謝する心を持っている。「運が悪いです」と答えた人は、どんなに学歴が優れていても落としてしまったとか。直観力が鋭い人の特徴は、人の性質や人物を即座に見抜く目を持っているということです。

「四十歳を過ぎた人間は、自分の顔に責任を持たなくてはならない」と言ったのは、アメリカ合衆国第十六代大統領エイブラハム・リンカーンですが、この言葉の真意は、人はある程度、人生経験を積んだ年齢である四十歳代ともなれば、慈愛、寛容、優しさ、品性、誠実さなど、これまでの生き方や考え方が自ずと顔ににじみ出てくるものだということです。リンカーンは人の顔を見れば、直感的に人物判断ができると言っているのです。

確かに、人はそれまでの生きざまが顔に滲《にじ》み出てくるものです。苦労の多かった過去、荒《すさ》んだ生活、ねじれた性格が表情にあらわれてくる人もいれば、思いやりある優しい顔立ちや笑顔が何とも愛くるしい顔立ちの人もいます。品性は隠すことができません。現在の日本の政治家、官僚、一流企業の社長などの顔を見て、あなたはどう思われますか？

意識の源流は？

前述しましたが、スイスの精神科医のユングによれば、人の心は意識と無意識の二重構造になっていて、無意識は人類共通の集団的無意識に通じています。そのため、無意識状態になると、他人の思いも伝播《でんぱ》されて感応することができるそうです。

従って、日頃から受け手である自分の感受性を高める必要があることから、普段から瞑想する習慣をつけることが望まれます。自分ではあまり意識していない信念や思い込みが、実は心のブロックとなり、それを取り除くためには、瞑想によって意識低下になるようにトレーニングを行うとよいでしょう。

リーディング（催眠透視）のエドガー・ケイシーは「顕在意識は潜在意識

または霊魂意識により支配される。そこで他人の潜在意識を超えるものから情報を引き出すことができる」と言っています。

私たち人類は地球上で生まれましたが、その生命の源は宇宙からやって来たとされています。従って、人間は瞑想することによって、宇宙意識と同化することができ、自他のない世界に至り宇宙の真理をつかむことができるという説があります。

いわば〝悟る〟というのが禅の言葉です。宇宙と自己との融合については、インドのアーユルベーダの根本原理でも説かれています。宇宙には宇宙意識という生体エネルギーが充満しており、宇宙が生まれた頃からの全ての事象、想念、感情が記憶されている、いわゆる「アカシックレコード」（データーバンク）というものがあるという説もあります。

直感と霊感との違いについて

スピリチュアルの世界では、万物は全ての生命現象と深いつながりを持っています。この宇宙の記憶から人生をより良く導く知恵を得る方法のひとつがリーディングです。

「無限なる大宇宙には意識が存在する」という説では、インスピレーションは宇宙から発せられるので、過去、現在、未来を秘めた「アカシックレコード」という貯蔵庫のようなものがあるとする説や、あるいは神や神秘的な高次元から発信される説、インスピレーションは霊感と同質なものであり、霊界の故人からもたらされたものだとする考え方もあります。話題の「オーブ」も意識体だという説があります。

前出の『シルバー・バーチの霊訓』（潮文社）によると、人類の霊的成長のためにもたらされた「霊的真理」は霊界で選択されたものであり、「偉大な科学者も発明家も教育者も、元をただせば霊界からの実験道具にすぎない場合がある」と啓示を送っています。言うまでもなく発見、発明等は人知れぬ研究に対する努力の賜物ですが、成功に導いたヒントは霊感によるものが大きいというのです。

「我思う、ゆえに我あり」との有名な言葉を残したデカルトは、「この世界には精神的な実在と物質的な実在があり、精神は意識であり、それは脳内の松果体にあり、そこが魂の場であって、その存在証明は神によって裏付けられている」という二元論を唱えました。ただ、意識というのは、つかみどころがなく、科学的研究の対象から外されていましたが、近年になり「意識とは何か？」との問いに、ようやく科学の目が向けられてきました。

第5章 「インスピレーション」を科学する

人の心はどこにある？

「心の在りかはどこに？」と多くの人達に尋ねたら、胸のあたり、いわばハートにあるという返事でした。ところが、脳科学が進歩した今日では、「心は脳にある」と考えられています。人間の心は厚さ平均二・五ミリメートルの大脳皮質に存在し、いわば知能、感情、意思の三つの働きは大脳にあるというわけです。

生命を維持する重要なところは、大脳の「脳幹《のうかん》」（間脳〜中脳〜橋〜延髄）とされています（図２）。

ここは直感やひらめきの脳とも言われています。「脳幹」の中でも「間脳」というのは「視床」と「視床下部」の働きに関係して、何も考えていない「ボ

図2　大脳の脳幹・間脳図

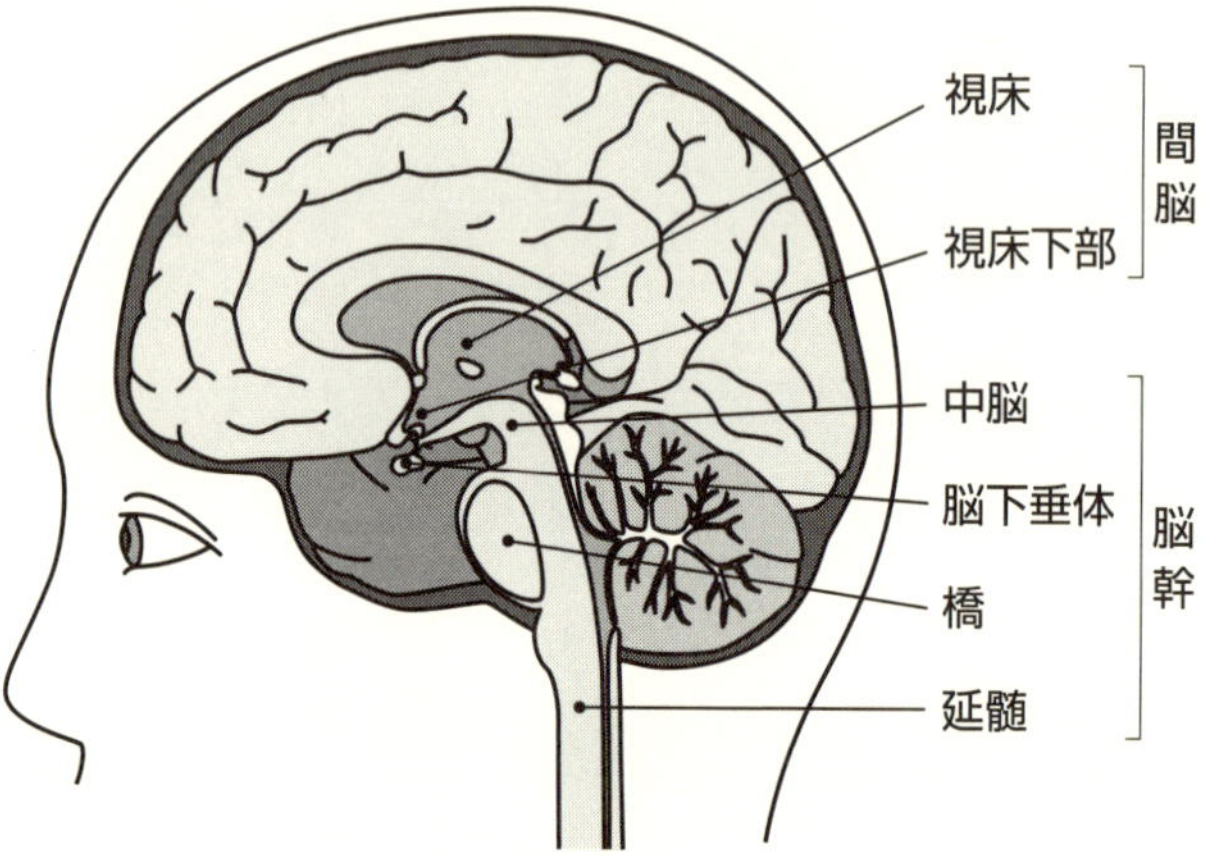

ーッ」としたときに「ひらめく」と言われています。

この「脳幹」はストレスを受けると働きが鈍くなると言われており、従ってリラックスすることが大切です。瞑想、散歩や入浴、うつらうつらと夢見の時など、リラックスするとき、「ひらめき」やすいのです。

そこで、あなたが「ひらめき」の体験を実感したいと思われるなら、意図的に緊張をほぐし、積極的に瞑想してリラックスする方法として、次の第6

図3　右脳・左脳図

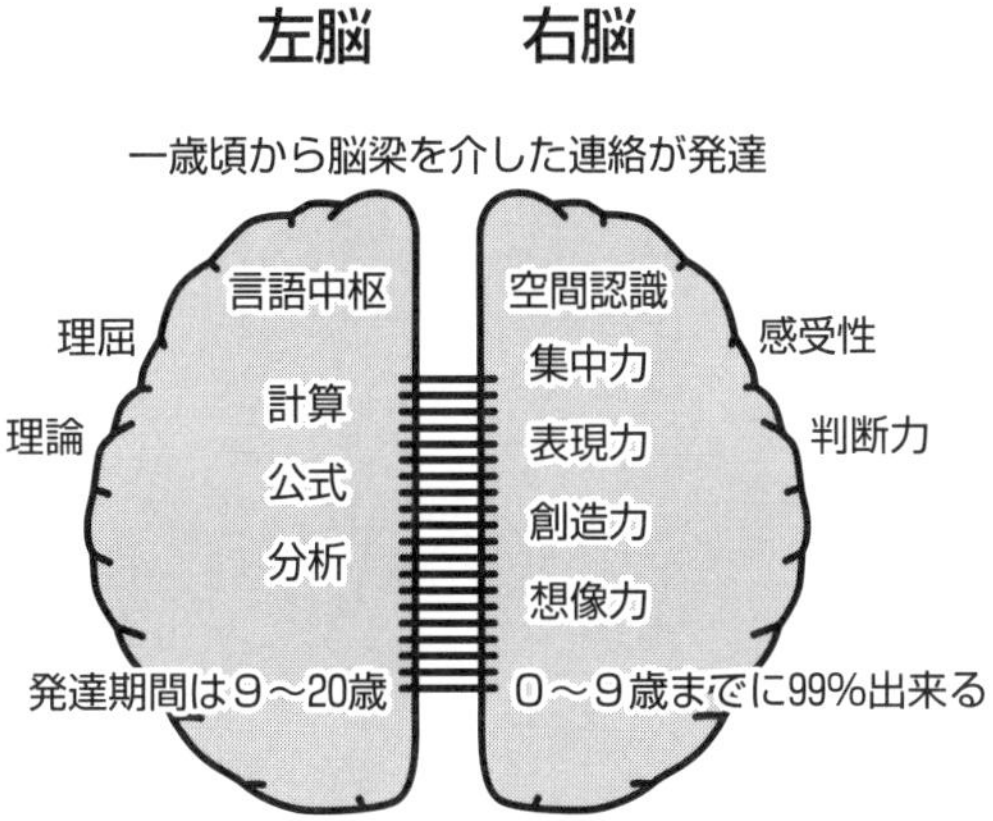

章で説明する「イメージ・トレーニング法」をお勧めします。

人間の大脳はおおよそ一四〇〇グラム、脳には真ん中に裂け目があり、左半球（左脳）と右半球（右脳）と二つに分かれています。その左右脳の働きの違いを明らかにしたのは、一九八一年にノーベル生理学・医賞を受賞したカリフォルニア工科大学のロジャー・スペリー博士です。

右脳はイメージ記憶で、直感的、感情的、空間的、芸術的分析といった分野。左脳は、論理的機能を持ち、理性的、時間的、分析的分野で優位性を示しています。ただし、左右半球は分かれているものの、脳梁《のうりょう》で相互につながっています。左半身の神経は脳梁のところで交差して右半球の脳につながり、右半身の神経は左半球の脳と結びついています。従って、左手や左足を働かせれば、右脳を刺激してイメージが誘発されるので、左ききの人は手先が器用な人が多く、直感力の優れている人には左ききが多いとも言われています（図3）。

有能なリーダーは「よく発達した右脳の人」だとも言われます。右脳が優位の人は、直感力に優れ創造的で変革にも臨機応変に対処する柔軟性があり、人の話をよく聞く上司として慕われます。左脳人間のリーダーでは、論理的ですが理屈が先立ち変革を好まない保守的な人が多いので、部下から敬遠されがちになるようです。

確かに、創業会社の経営者には直感的に優れ、創造性のある時代感覚に適応する右脳の人物が多いのに対し、前例を重んじる官僚や公務員などは、左脳が優位な人で論理的ですが、融通性が利かなく保守的で頭の固いと言われる人が多く見受けられます。

「今の教育はテストの点数で競争させる、いわば大脳皮質や動物脳のみ活性化する左脳偏重教育なので、闘争的、強者のみが生き残る方向に傾いている。そこで、真心や感謝、弱い者への慈しみ、そして得意な右脳を生かすために左脳も使い、さらに偏桃体（動物脳）の過剰な活性化を抑えるために小脳（体で覚える）をも使うことが大切」と脳医学からの警鐘を鳴らす臨床医師が、覚醒下手術では世界トップクラスの実績を持つ篠浦伸禎《しのうらのぶさだ》医学博士です。篠浦博士は左右脳の研究から右脳の活性化の重要性について力説しています。

脳医学的にいうと、脳幹には、直観のひらめきやインスピレーションの根源があると考えられていますが、心理学的には潜在意識状態や無意識に集積されたものが、ボンヤリしている際に心の障壁が除かれ、イメージとして表に現れてくるとされています。簡単に言えば、大脳の思考を止めると意識が脳幹に集中するのでインスピレーションが受けやすくなるのです。脳幹は中枢神経とつながっていて、「生命の座」と言われ、生命維持には最も重要な神経が集まっています。

スポーツの世界では、各国のオリンピック選手の強化には、右脳のイメージを鍛えるために「イメージ・トレーニング」を取り入れています。イメージを通して自己の潜在能力を意図的に高めることで、運動能力をアップさせることが可能になるからです。特に身体を使って覚える技は、何度も練習することによって小脳に運動の技を記憶させ、脳の指令も早く運動を通して筋肉に伝えることができるので運動神経が強化されます。

未知現象とは?

自分には超常能力など全く無縁だと思っている人は多いようですが、人は誰でも超常能力の直観力を発現する能力を潜在的に秘めています。しかし、未知の部分も多く、従来の科学では説明できそうにもない不思議な現象が多く存在しています。超常現象は、サイ現象、変則現象などとも言われ、念力、透視、テレパシー、予知、臨死体験、心霊現象、気功、UFO、フリーエネルギーなど、ともすれば迷信、誤認、疑似科学などと批判する人もいます。これら未知の不思議現象は世界中で多く存在していますが、在来科学を超えて科学的に解明しようと目指している研究団体があります。

前述しましたが、一九七六年に結成された未知の現象（サイ現象）の専門学会で、「日本サイ科学会」という研究団体があります。初代会長は東京工業大学、ハワイ大学、電気通信大学などの教授を歴任した関英男先生（工学博士）が務めました。その後、電気通信大学教授で日本の「気」の研究の第一人者、佐々木茂美元会長（工学博士）、現在は動視化技術のパイオニアで元大妻女子大学教授の浪平博人会長（工学博士）、そして、「水」の科学的研究ではオーソリティーの久保田昌治理事長（理学博士）が会の運営に携わっています。

「日本サイ科学会」の本部は東京ですが、地方組織でも活動を行い、未知の世界に興味ある人なら、研究者でなくとも誰でも入会できます。ちなみに、サイ（Ψ、ψ）とはギリシャ語の「魂」の頭文字であり、その流れで英語の「psi」（サイ）として超常現象を意味しています。

なお、日本サイ科学会の志賀一雅理事（工学博士）は、日本の脳波研究では第一人者で、スポーツ選手、将棋の名人や記憶力世界一の人といった超能力者と呼ばれるような人々の脳波を測定して、10ヘルツのミッドα波だけでなく、「7・8ヘルツ」のスローα波に注目すべきだと提唱しています。

「脳波」というのは、脳の中では〝神経インパルス〟という電気的な信号がコンピューター内部のように飛び回っていますが、その電気信号が「脳波」という形で外側から捉えて視覚化しています。地球は周波数7・8ヘルツの電離波で囲まれています（シューマン共振）。従って、私たちは7・8ヘルツの電離波を浴びて生活しているということです。

睡眠に入るとき、また浅い催眠状態になるとき、また夢として情報として表れることがあるのは、この7・8ヘルツ波のアルファ波が強く出て、「宇宙の振動数」と同調して全開になるそうです。人はなぜ、7・8ヘルツ波になるのでしょうか？　問題解決の際の「ひらめき」は、天才のアイデア、パフォーマンス能力が全開になり、7・8ヘルツ波を中心としたスローαが優勢となり、神や天の声が聴こえるという人が多いのではないかと、志賀一雅理事は科学的見解から説明されています。

いわば無限なる宇宙の叡智とつながるには人類共通の無意識となり、7・8ヘルツ波と同調したひらめきを受けて直観力（霊感）を感じることなのでしょうか。スイスの心理学者で精神科医のユングによれば、人の心は顕在意識と無意識の二重構造になって、深い無意識に入ると、「人類共通の集団的無意識に通じるので無意識レベルになると、宇宙意識へとつながり、他人の思いも伝播され感応する」と唱えています。

「論より証拠」、実際に自分で体験してみれば、その疑念は晴れるに違いありません。著者自身は不思議な現象を体験したことで、今では超常現象は明らかに「存在する」という確信に至りました。それはまさに「正夢」による九死に一生を得たという出来事で、今でも脳裏から離れられません……。

「さっぽろ雪まつりをテレビ中継しよう」ということになり、私は中継ディレクターとして参加する予定でした。ＣＭを担当していた親しい広告代理店の仲間とも一緒に行く約束で、初めて見る「さっぽろ雪まつり」なので期待に心を躍らせていました。

ところが、札幌へ出かける数日前の明け方のことです。私は寝床でうつらうつらしていたのですが、なぜか不吉な夢を見たのです。それは私の体が空中に放り出され落下していく自分の姿でした。「ヒヤーッ」と冷や汗をかいて夢から覚めました。

その悪夢がまさに的中したのです。

昭和四十一（一九六六）年二月四日、「さっぽろ雪まつり」を楽しんだ後帰京する観光客を含む乗客百二十六人、そして乗務員七人、総員百三十三名は千歳発の全日空ボーイング727型機で飛び立ちましたが、羽田空港着陸直前に墜落したのです。全員が死亡し、単独機としては当時世界最悪の事故となり、日本の民間航空史上最大の惨事でした。

悲運にも仲間たちも犠牲となってしまったのです。「もし、私も同行していたら……」。今この世に存在していません。私は「正夢」によって救われました。

このように、正夢は人の運・不運を分ける重要なターニングポイントの導きでなり、生死を分ける重大なインスピレーションです。それにしても、一体誰が、どこから発信し、なぜ教導してくれたのでしょうか?

この一件から、私は「第六感、ひらめき」について、大いなる好奇心に駆り立てられてきました。さらに日本初のノーベル賞受賞者の湯川秀樹博士にお会いして、偶然に「ひらめき」についての話を聞くことができました。この偶然の一致《シンクロニシティー》と思えるような出来事については、「おわりに」にて改めて述べたいと思います。

私はかって、ある大学教授による「能力開発セミナー」を受講し、カリフォルニアにおいても同様のセミナーを受講している人、他に特異能力者と言われる人々三百三十余名に直接取材し、「霊能力養成法」を探究しました。通常の五感を超えた知覚をサイ（Ｐｓｉ）能力と言いますが、さらに透視、予知、予言などにも興味を深めていきました。これまで自分にはこうした能力はないと思っていましたが、実際に自分で体験を試みて、これらの能力は、トレーニングを行うことができれば、誰でも潜在的に備わった能力がよみがえってくることを体感したのです。

超感覚的知覚（ESP）を科学する

ここで、サイ（Psi）現象の発生源はどこか、なぜ発信され、受け手としてはどんな状態のときに「ひらめき」を感受することができるのか、そのメカニズムとは何かといったことを考察してみましょう。

人間の思考には直観思考と論理思考とがあります。現代では論理思考による判断が重視され、心、精神などが直知するという直観的ひらめきやインスピレーションなどの判断は軽視されがちです。しかし、直観思考が発明、発見や芸術的創造性のヒントにつながった事実を軽視してはならないと考えます。

古来、わが国ではこの超感覚的知覚の開眼法は宗教とつながり、座禅による瞑想、密教の阿字観、神道では精進潔斎《しょうじんけっさい》して精神統一、修験道では難行苦行の修行、ほかにヨーガでは座法や呼吸法など、これらの技法はいずれもサイ能力の感受性を高めるための行法で、いわば大自然と精神の融合一体の世界に到達する経験的な技法とされてきました。

日常生活における〝予感・直観〟としては、「気が進まなかった」「嫌な思いが当たった！」「いつもと違う不安を感じた」など、将来何かが起こりそうな気配がする、そんな心の働きが現実に起きて予感が的中したという体験は、恐らく多かれ少なかれ誰にでもあるかと思いますが、サイ能力の有無を客観的に確かめるためには、科学的手法で検証せねばなりません。

それにはいつ、どこで、誰が何回行っても同じ結果が得られなければなりません。いわば再現性の問題です。次に意識を科学機器で測定し、データを数値化して表記しなければなりません。ところが、意識とか感情という精神

図4　NIRSの計測原理

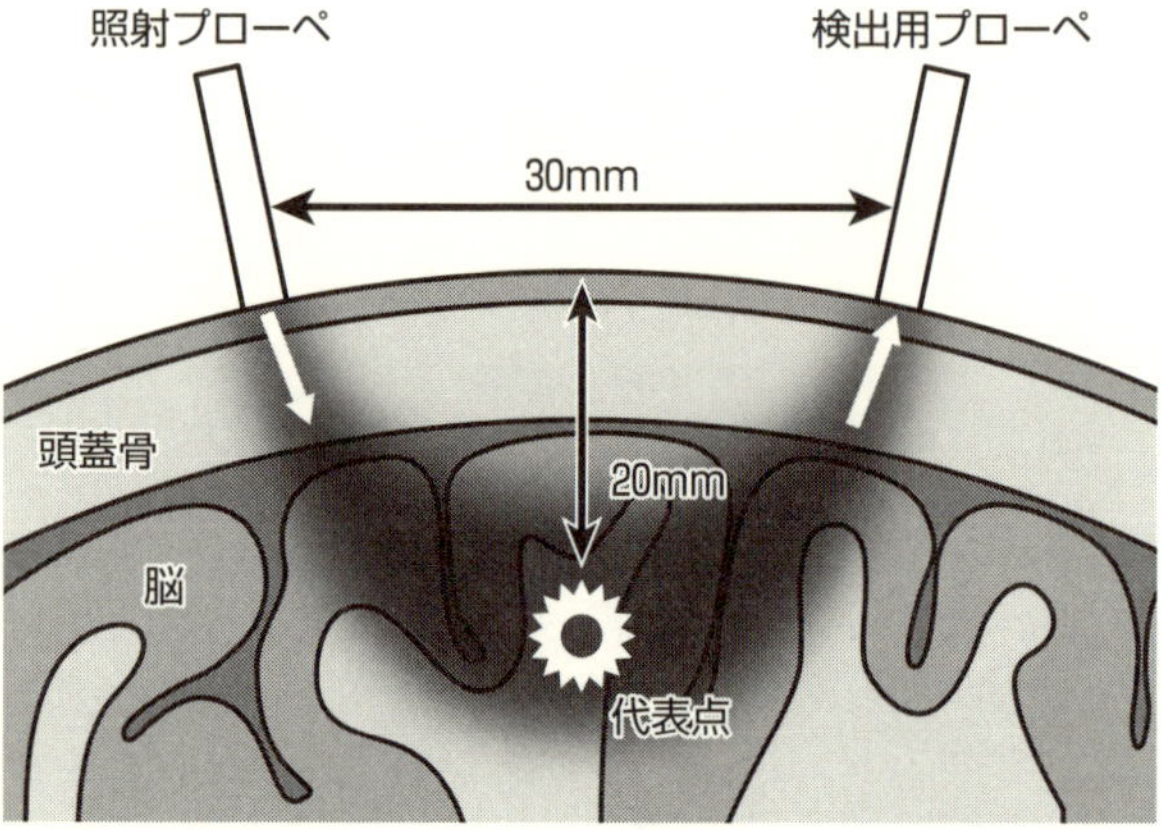

的なものは、時と場合によっては変動するものであり、ましてや意識を物理機器で測定して数値化することはとても至難の業と思われてきました。

大脳の活動を外からリアルタイムで測定し、コンピューターによって簡便にグラフ化して表すことができる「光トポグラフィ（NIRS）」という測定器があります（図4）。

そこで〝予感・直観〟を受ける際に、顕在意識状態から変性意識状態の変化と、特異能力者や瞑想者と一般者との比較、さらに「ひらめき」により大脳の血流の変化における測定実験を行いました。

「光トポグラフィー」というのは、頭蓋の外から近赤外線を神経細胞が集中している大脳皮質内に照射、脳内二十ミリメートル入ったポイントを別の光ファイバーで検出し、神経活動により変化する脳局所の血液（二種類のヘモグロビン濃度）の変化をコンピューターの画面に表示することにより、大脳の新皮質の顕在意識から変性意識状態に移行する脳内活動の状態を測定できる機器です。

実験では各々の顕在意識状態から催眠誘導による変性意識状態に至る大脳の活動、そして前頭前野の意識状態と後頭の視覚野におけるイメージとの関連性を測定しました。

一般者と特異能力者に各々「殺人現場の写真」と「普通の写真」とを数枚

図5　一般人と透視能力者の脳内変化

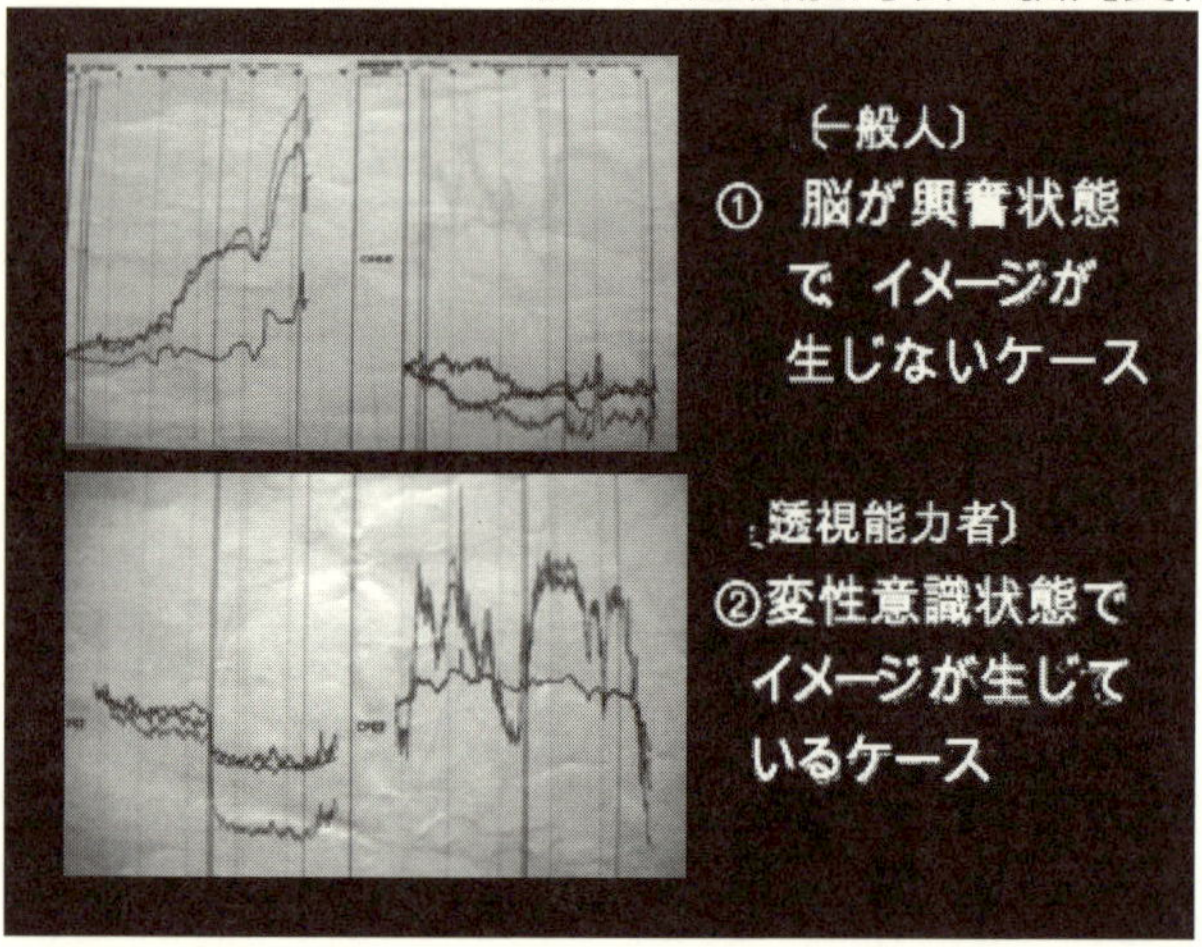

混ぜて見せ、脳内の血流の変化を測定しました。結果は、特異能力者がひらめきを感じるとき、変性意識状態になると前頭前野の活動が低下し、後頭葉の視覚野のグラフの振幅が大きくなって活動が盛んになり、イメージが活性化して感受性が高まっていることが分かりました。ひらめきを感じる時は、いわば通常の意識よりレベルが低い変性意識状態（トランス状態）において反応していることが明らかになりました（図5）。

特異能力のメカニズムとは？

大脳皮質の内側にある本能的働きをつかさどる大脳辺縁系（図6）から考えますと、外界からのさまざまな情報は五官の機能を通して大脳皮質に伝わり顕在意識（覚醒時の意識）に入ります。

次に大脳辺縁系にある「海馬」に伝わって記憶として蓄積されます。その記憶はやがて本人の意識下に深く埋もれて潜在意識となります。ここは快・不快に関わる「視床下部」や恐怖などの記憶の箇所で、「扁桃体」に関係する領域とされています。潜在意識というのは理性ではコントロールできず、顕在意識で努力すると、かえって逆の結果を生むことになります。この現象を「努力逆転の法則」と言って「分かっちゃいるけどやめられない」という

図6　大脳辺縁系図

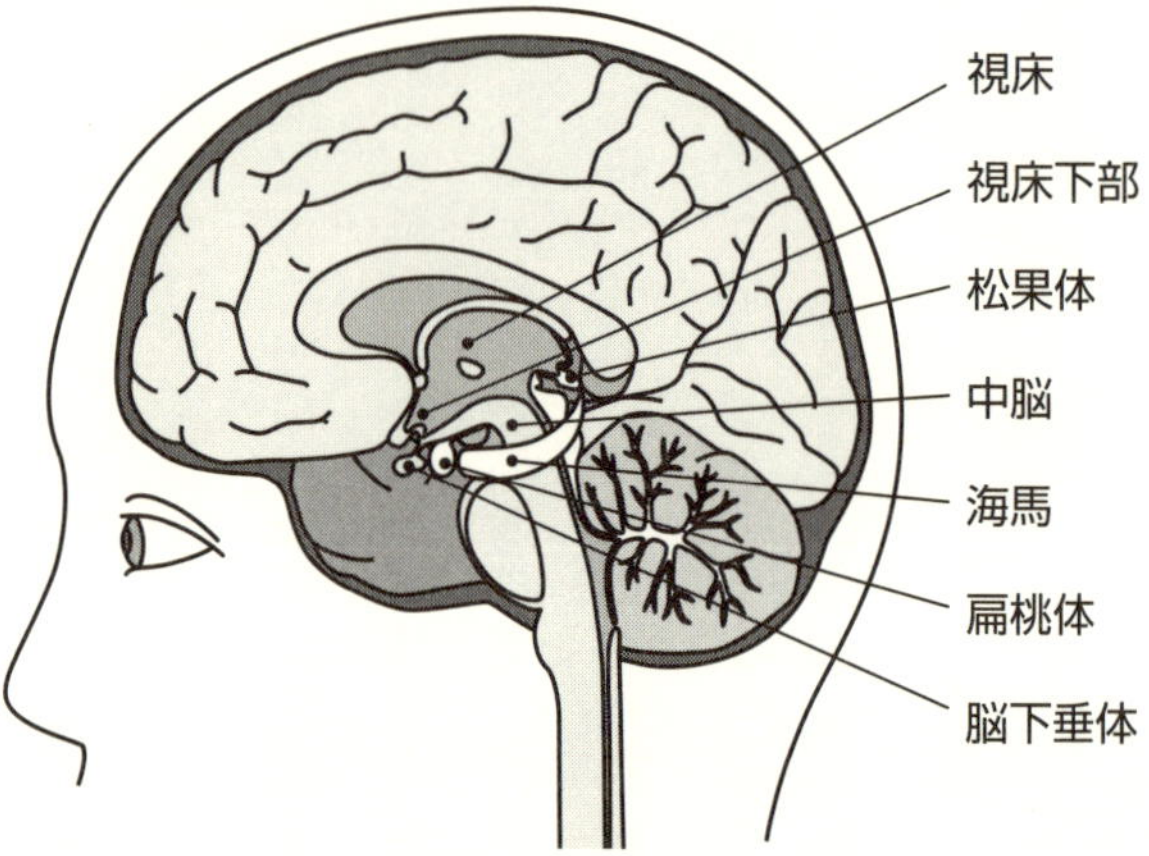

自己矛盾による精神的葛藤からストレスが高じて病気の原因になると言われています。

潜在能力に蓄積した固定観念は、超常能力の発現を阻止している原因とも言われています。子どもの頃に超常能力を発揮したのに、大人になったら能力が発揮できなくなったという人は、潜在意識にたまったマイナスの固定観念によって阻止されたものと考えられています。興味深いことは、脳幹上部にある「中脳」から発している快感神

図7 脳内図（A10神経）

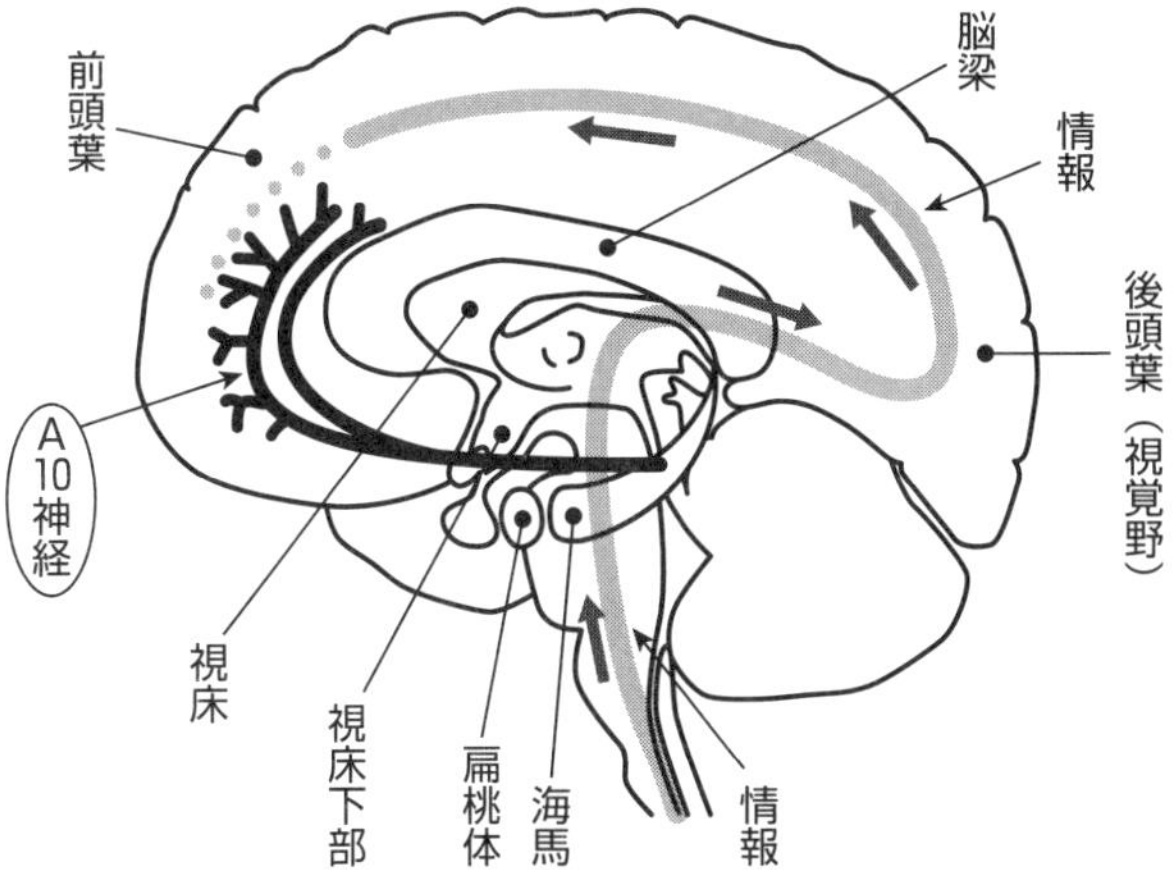

経系にある「A10神経」（図7）ですが、これは前頭前野へとつながって快感ホルモンであるドーパミンを分泌し、快感や幸福感に満たされる時に多く分泌します。

A10神経系の経路はドーパミンの流れを制御する働きがあり、薬物や過度の脳内刺激を受けたことで制御が外れると、「A10神経」からドーパミンが多数放出され「幻覚」を見て常軌を逸した行動をとるようになります。さらに、A10神経が刺激されると、ドーパミンと呼ばれるホルモン伝達物質が分泌され、快感が生じてくることが分かっています。そこで、このA10神経は、別名、快感神経と呼ばれています。このドーパミンは、脳内覚醒物質で、脳を覚醒させて快感をさそい、創造性を発揮させる重要なホルモン伝達物質です。

A10神経を活性化するのは、おいしい食事をとったり、好きな音楽を聴いたり、感動する映画を見たりすると、ドーバミンは脳を快感に誘います。気分が爽快となり充実し安定したやる気や意欲の力になります。ただ多過ぎると統合失調症を引き起こすとも言われています。

近代科学は、あらゆる物質を細分化して、その固有の性質や法則を究明して発展してきました。量子力学という新しい考え方が現れ、物理学者のシュレーディンガー博士の著書『精神と物質―意識と科学的世界像をめぐる考察』(中村量空訳、工作舎)によると、量子という不思議な世界が展開するのです。

物質は原子という基本構造が組み合わされて構成されていますが、量子とは、物理の単位を究極まで細分化して、分子、原子、中性子、陽子、光子、ニュートリノ、素粒子などの極めて最小の単位まで観測すると、「量子力学」という世界には不思議な法則が働いていることが分かります。いわば物質は究極的には、エネルギーだという論理になります。

前述しましたように、ひらめきを受ける天才たちは、何らかの不明な要因ですが脳幹が活性化しているので量子のエネルギー情報にコンタクトできる受信アンテナを備えています。しかし、一般人はこのアンテナが機能していないのだろうと考えられます。

では、脳幹を活性化するためにはどうしたらよいのでしょうか。ヨーガで知られる『チャクラ』は、人間の身体にある七つのエネルギーセンターとも言えるのですが、このチャクラを開くと人生が好転すると言われています。

図8　チャクラ（座禅）

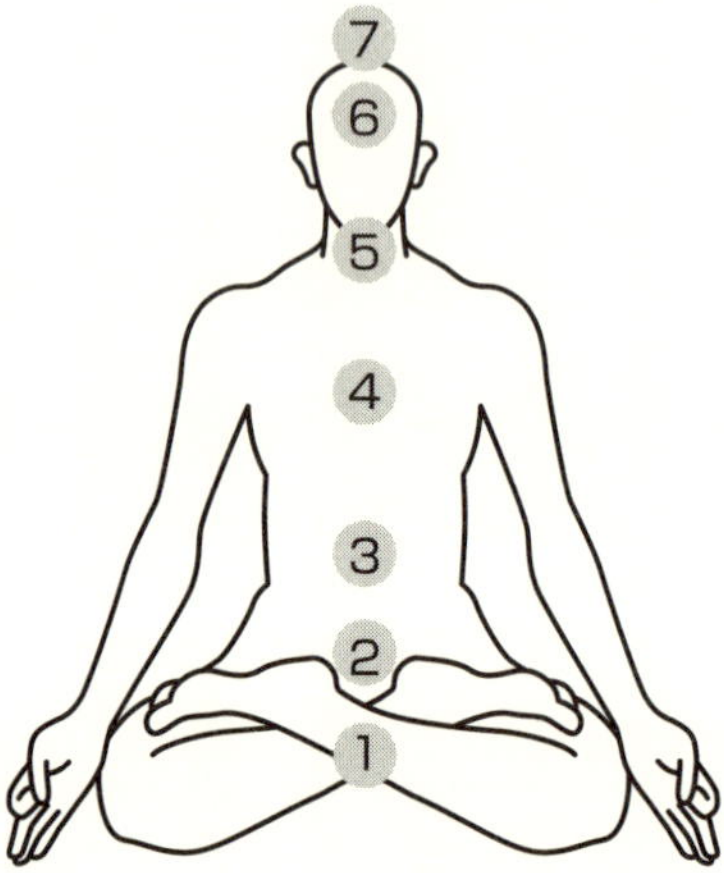

頭のテッペン（頭頂葉）にある「第7チャクラ」を開くと、脳幹が活性化できて直観や霊感を受けやすくなり、そこで休眠中の潜在能力が覚醒してアンテナが鋭敏になって機能してくると思われます（図8）。

第6章　「インスピレーション」開発法

「インスピレーション」を受けるには？

繰り返すようですが、テレビを見るためには、ＴＶ電波を受信するアンテナが必要なように、インスピレーションを受けるには、その源である高次元（宇宙意識、神仏や祖霊など）から発信されるインスピレーションをキャッチするアンテナが必要となります。

高次元とつながりやすくなると、「夢のお告げ」とか「正夢」という言葉があるように、目覚めている状態では思いつかないヒントや予知が夢から与えられることがあります。

ベートーベンやアインシュタインなど天才と言われた人たちの逸話には、夢によって創造や発見など不思議な話が語られています。

なぜ夢でこのようなことが起きるのでしょうか。現代の脳科学においては、夢による能力開発のこうした研究がなされていますが、「レム睡眠」のときに人は夢を見るのです。この「レム睡眠」とは英語でRapid eye movement sleep、略してレム（REM）と言い、急速眼球運動のことです。

人が夢を見ているときには眼球が活発に動き、同様に脳も活動しています。ただ、目覚めているときの脳の活動では、意思や論理的判断する領域（前頭前野）とは異なり、夢見のときは大脳の後頭部にある視覚野のイメージと連動して関わって活発に活動していることが分かっています。

浅い眠りのときは、目玉が動いていても体は深く眠っていますが、大脳の視覚野《イメージ》は活発に働いていることが分かります。いわば目覚めているときの論理的思考を抑制して、何事にもとらわれない独創的なアイデアや課題解決が外界からインスピレーションによって導かれるというものでしょうか。

瞑想、精神統一、座禅、ヨーガなどを習慣にしているとインスピレーションの感受性が確かに磨かれるのです。ではなぜ瞑想、精神統一などをしているとインスピレーションが受けやすくなるかというと、大脳の論理的思考を止めて、脳幹に意識を集中状態にすることにあります。脳幹は心（魂）の座とも言い、大脳の中枢神経とつながっています。よって心身がブレない状態で脳の頭頂部にある「百会穴《ひゃくえけつ》」、ヨーガで言う「第7チャクラ」から宇宙意識、天界とつながる状態になると言われています。

宇宙には量子力学で言うさまざまなエネルギー情報が満ちています。このエネルギー情報にアクセスできるアンテナを機能させて、インスピレーションを受けやすくするようにすれば、「先見の明」や「創造的能力」などの神秘的な力が発揮され、真人生へと導かれて社会的貢献にも役に立つことができるでしょう。

古くから宗教的修行として座禅や瞑想が行われ、また現代では特異能力の訓練実習でも自律神経系をコントロールして条件づけする方法が編み出されています。欧米でも、脳トレーニングとして「瞑想」を社員教育にしているところが多く見受けられます。

また「インスピレーション」を受けやすくするために、「潜在意識の障壁の開放」とか「意識の拡大」を行う方法も考えられています。「潜在意識の障壁」とは、普段あまり意識にはのぼらない幼い頃の心の傷、例えば幼い頃に親と死別したときの悲哀とか、学友からいじめられた屈辱感《くつじょくかん》とか、妬《ねた》み、恨《うら》み、羨望《せんぼう》、失恋、劣等感、敗北感、恐怖感、絶望感というような過去に体験したマイナスの因子が潜在意識とか無意識に封じ込められ、それがトラウマとなって感受性を妨げている場合もあります。そうしたつらい経験は無意識の底に感情エネルギーの塊《かたまり》となっていますから、ふとした時にその塊が頭をもたげて精神的ストレスを生む原因となっているならば、その感情エネルギーを開放するとよいでしょう。

過去の嫌な出来事を再び思い出したくなくても、あえて思い起こして直視します。そして大いに泣き叫ぶ。思いっきり涙を流す。悔しさが込み上げたならば罵声を発して怒りまくるなど、フラストレーションを開放させるとよいでしょう。そしてわだかまりを全て吐き出して障壁を開放します。これは大切なことで心のバランスを整え、回復させてから、宇宙意識にまでエネルギーを拡大させるのです。

次に、催眠療法によってマイナスの要因を引き出し、顕在意識に挙げて自覚させ障壁を開放する方法もあります。過去世におけるカルマならば、同様にマイナスの因果だった障壁を、催眠療法によって過去世のカルマを明らかにして開放すると運気が変わってきます。

また、呼吸法はとても重要です。息を吸ったら少し止めて、また息を吐き出す呼吸法（スタニスラフ・グロフ博士考案の呼吸法ホロトロピック・ブレスワーク）を試してから瞑想を行うと、一層成果が上がります。

さらに、古くからの宗教儀式や祝詞奏上《のりとそうじょう》ができれば、魂が落ち着くことになるでしょう。

現代は「アセンション」の時代だと言われています。これは魂の進化向上によって高度な精神的社会へと「次元上昇」に移行することを意味し、魂の浄化にもなって運気向上へ変化することを意味しています。

一般に人は外界を感知するために五感（視覚、聴覚、味覚、嗅覚、触覚）に頼っていますが、本来誰でも持っている第六感の能力を現代人は使うこともなく無意識的に封じ込めています。ところが、アセンションによって次元上昇した人、または潜在能力開発を会得した人はインスピレーションの感受性が鋭敏になります。

内的意識のトレーニング――あなたの使命と目的

人間関係の悩みによる心身のストレスは自律神経の乱れにつながり、身体の器官にさまざまな影響をもたらしています。

自律神経は意識ではままならない神経ですが、自律神経系のコントロールができるようにする行法としては、座禅、精神統一のほかに、気功、ヨーガや各種の呼吸法、ヒーリング音楽を聴くとか、ヒプノセラピーの「誘導瞑想」、イメージによって誘導する「イメージ・コントロール法」など、さまざまあります。

特に、ドイツの精神科医であるヨハネス・ハインリッヒ・シュルツが考案した自己催眠法でもある「自律訓練法」が知られています。

この方法はよく体系づけられ、誰でも手軽にトレーニングできるものですが、効果が現れるには、やや長いトレーニング期間が必要になります。

しかし、インスピレーションのトレーニングばかりでなく、ストレス解消や健康増進などにも役に立つものです。「自律訓練法」のやり方のポイントは、催眠と暗示の効果を有効的に取り入れたもので、手足が「重たい」とか「温かい」という感覚を心理的、生理的状態を呼び起して自分の身体で感じさせるというものです。自律神経系の症状改善には効果が認められ、病院でも指導しているところがあります。

瞑想のトレーニングを行うにあたっては、座禅でも精神統一でも自律訓練法、イメージ・コントロール法でも、ともかく静かな環境で行うことが望まれます。

（1）自律訓練法のトレーニング

基礎公式は以下のような第一公式～第六公式の公式から成っています。

☆公式：（自己暗示で）気持ちが落ち着いている

・第一公式：手足が重い

・第二公式：手足が温かい

・第三公式：心臓の鼓動が静かに打っている

・第四公式：呼吸が楽になっている

・第五公式：お腹が温かい

・第六公式：額《ひたい》が涼しい

（心の中で、順に繰り返す）

☆消去法（催眠状態を絶つために、必ず終わりに消去法を行う）
・両手を上に伸ばして開閉運動を行う
・両肘の屈伸運動を行う
・大きく両手を上に伸ばし、背を伸ばして思い切り息を吐く
・深呼吸を行い、終了する
※リラックスできる環境が望ましい.
※一回あたり五分くらいで行う。
※心臓、脳、呼吸器などに疾患がある場合は医師と相談してください。

（2）瞑想、精神統一法
・姿勢は椅子に座るか座禅して、姿勢は背筋を真っすぐ伸ばします。
・呼吸法は大事なことで、ゆっくりと深く呼吸することがポイントです。

はじめに二酸化炭素をゆっくりと口から吐き出します。
息を吐き切ったら、鼻から自然と吸ってお腹を膨らませます。
・瞑想は朝または就寝に、約十五分程度行うとよいでしょう。
目を軽く閉じ、雑念が湧いてきても気にかけず続け、集中できない場合、心地よいマインド音楽をかけて行うのもよいでしょう。

※注意点

瞑想するにあたっての注意点としては、「禅病」と言って自律神経失調症のような症状が現れる場合があります。また心のブロックが外れると内的意識が無防備になり、邪霊が入ったような幻覚、幻聴を見聞きする「魔境」とか、「憑依」という状態が起こる場合があります。また、脳に血が上ってめまいがすることもあります。感性が豊かな人は瞑想状態に比較的に早く入りやすく、当初から注意点を自覚している人はよいのですが、自分では抑圧に気づいていないタイプの人は注意が必要です。本来なら専門家について指導を受けることが望ましいのですが、必ずしも一人で行うのがいけないということでもありません。近代生理学的手法と東洋的行法をミックスした潜在能力開発の技法が、主として欧米においてさまざまに開発され、各種セミナーの実践指導が行われています。

※「イメージ・トレーニング法」とは、自律訓練法のように自律神経系を制御して、マイナスの潜在意識の束縛を開放させ意識の拡大を図り、イメージ・コントロールによるトレーニング法です。教科本に基づいたメソッドが体系づけられ、直観力、透視、予知などの能力を系統的に開発する方法です。

※「アカシックレコード」とは、宇宙にある全ての現象を記録する貯蔵庫のことで、瞑想によって潜在意識のブロックをはずし、「第三の目」と言われるチャクラを開くトレーニングを行います。人類の歴史を含むあらゆる情報

が蓄積されているものにアクセスして、全ての事象の過去、現在、未来までを知ることができるというものです。
※「リーディング」（催眠透視）は、有名なエドガー・ケイシーが行った透視法です。催眠状態や夢見のいわゆるトランス状態になったとき、病気の診断から対処法まで、人間のみならず社会で起こる事象まで分かるという霊的透視能力法です。「顕在意識は潜在意識または霊魂意識により支配される。そこで他人の潜在意識を超えるものから情報を引き出すことができる」というものです。
※「チャネリング法」は、チャネラー（異次元の情報を仲介する人）となる人が瞑想状態になって高次の存在（宇宙神、祖霊など）のエネルギーを入れると、人格が変容してある種の霊媒現象を引き起こすというもの。女優のシャーリー・マクレーンが著した霊的探究の記憶の書『アウト・オン・ア・リ

ム』(山川紘矢・山川亜希子訳、角川書店)も話題になりました。

＊

現代では、難行苦行を行わずとも特異能力の開発が可能になるメソッドが欧米では盛んに行われており、各々の自己啓発により仕事や私生活に役立てられています。

これらの共通点は、呼吸法、弛緩法、瞑想法、自律訓練法、イメージ・トレーニングなどの手法が使われていることです。まず、潜在意識にあるマイナスのブロックを取り除き、気の流れを良くする訓練を繰り返し行い、意識的に自律神経系をコントロールできるように努めると、勘が鋭くなり、直観やインスピレーション、透視、予知などの能力が獲得することが可能とされているものです。

＊

(3) 簡単な感覚強化法

①（椅子に座る）背筋をきちんと伸ばし姿勢を整える。
②両手を膝の上に置いて、目を軽く閉じ瞑想する（一～三分程度）。
③丹田呼吸法を行い、邪気を吐き切る。
④足の先から頭頂部まで、気のエネルギーを通すようにイメージする。
⑤精神統一して両手のひらを次第に一・五ミリメートルほど両手に近づける。
⑥気がチャージされてくると、両手の間がムズムズしてくる。
⑦両手の間に光の玉が出来たことをイメージしてつくり、その光をへその辺りから体の中に入れる。
⑧光の玉によって、体に閉ざされている自意識を開放させる。
⑨音や匂いや部屋の色彩などの環境によって、心身を緊張から開放させる。

⑩瞑想によって内的意識のレベルを高めていくようイメージする。

何も考えない「無の境地」に至るなど、しょせん無理ですから、頭に浮かぶに任せて自然体で何度か行い、時間の経過が意外と短く感じてきたらしめたものです。目的とする内的意識を高め、脳の神経細胞のIC回路を強化すると、内界外界からのメッセージに対しての感受性が高まってきます。

スタンフォード大学大学院のデザイン研究科ロバート・マッキム教授が創設した創造性開発のための「イマジナリューム」（創造館）について、この大学院で取材したことがあります。天井のスクリーンにはイメージ映像（例えば、森林に雨が降り、樹木を潤し、木の葉から滴がこぼれて、やがて小川となり、小川から川となって大海に注いでいる）という水の循環の映像が映写されます。バック音にはアルファ波を誘うようなBGMが流れ、各自は円形になって横たわってリラックスし、イメージの世界に意識を投入するというシステムです。

この効果について大学院生に聞いたところ、「既成概念に捉われずにインスピレーションが自然に湧いてきて創造力が高まるのみならず、超能力がついたよ」という笑みが印象的でした。

＊

現代は、明日が見えない混沌とした時代ですから、誰もが潜在的に秘めた自己の可能性を拓《ひら》き、今世での〝自己の使命と目的〟を知り、私たちは自己実現の目的に向かって日々の生活にいかしていくことが必要です。

「イメージ・コントロール法」によるトレーニングを行い、潜在意識にすり込まれたマイナス想念のブロックを解放させてトランス状態に入ると、安らぎ、創造力、自然治癒力、意識集中、学習能力や記憶活動などが高まり、さらには超感覚的知覚（ＥＳＰ）能力が開発されることが認められています。人間の脳の働きは使えば使うほど脳細胞が活性化し、いつまでも脳は若々しさを保つことができて老化防止にも役立ちます。

また、ふと良いアイデアがひらめいたり、勘が冴えて的中したり、運が良かったという経験は、誰にでも一度や二度ならずともあると思います。このようなときは、脳活動の潜在意識が活性化し、ユングの説く「集合的無意識」のような状態に至っています。

この源泉こそが人類共通意識、宇宙意識ともいうべき情報の宝庫であり、この源泉とコンタクトを取る方法が次の「イメージ・トレーニング法」です。

（4）「イメージ・コントロール法」

これは脳力開発のために、近年の脳科学や生理心理学の立場からアメリカで考案されたメソッドで、潜在力を引き出して強化、進化するための方法を学びトレーニングを行います。特に、イメージ・コントロール法によるトレーニングを行い、潜在意識に刷り込まれたマイナスの想念のブロックを解放させトランス状態に入ると、創造力、自然治癒力、意識集中、学習や記憶活動などが高まり、さらには超感覚的知覚（ESP）能力を開発されることが認められています。

人間の身体の機能や行動は全て脳でコントロールされています。「イメージ・コントロール法」は、脳が緊張状態であるベータ波から意識集中状態やリラックスしたアルファ波からシータ波のレベルまで脳波の振動数を低くするような練習を行います。そうして潜在意識の扉を開き、強い想念をイメージして深層意識と融合し、さまざまなセッションのトレーニングを行うと「集合的無意識」状態に入り、インスピレーションが感受できるようになるのです。

ふと良いアイデアがひらめいたり、勘が冴えて的中したり、運が良かったという経験は、誰にでも少なからずあると思います。こういう時は脳活動の潜在意識が活性化し、無意識から伝えられた直観からの情報です。

イメージを脳にはっきりと確実に脳に描き、潜在能力を活性化させると、直観力、透視力などのインスピレーションが誘発され、無意識の行動となって願望達成が得られるようになるのです。

大切なことは何事もプラス思考で取り組み、感動や喜びの状態を想像すると、幸福ホルモンとも言われるドーパミンが分泌されて、トレーニングが楽しくなり成果はいっそう高まります。このイメージ・トレーニング法は、誰でもその気になれば自分で簡単に行えるメソッドなのです。では具体的に説明していきます。

①基礎的イメージ・トレーニング法

あくまで心身ともにリラックスして内的意識に入りやすくなるための基本トレーニングです。全体で約十五分。

ステップ1　最も楽な姿勢で座る

椅子に腰かけるか、床にあぐらをかいて、背筋を伸ばしてあごを引いて座ってください。

ステップ2　顔を正面に向け、目だけ上方の一点を凝視する

まばたきしないで、強く、強く、一点を見つめてください。

そうすると、目が次第に重くなってきます。

ステップ3　目に疲れを感じたら、軽く目を閉じる

まぶたの裏側が、リラックスして心地よく次第に疲れが抜けていく感覚を確かめてください。

ステップ4

目を閉じたまま、大きく腹式呼吸する

身も心もゆったりとリラックスして、心地よい、安らかな感覚を味わってください。呼吸は鼻から息を吸い、口から息を吐き出すようにゆったりと行います。その時できるだけ、頭から次第に目~口~肩~お腹~右足~左足~つま先まで緊張が体から抜けていくようにイメージしてください。

ステップ5

深呼吸して、息を吐きながら心の中で数字の3を三回繰り返して思い浮かべる

いま、気持ちが落ち着いてリラックスします。

ステップ6

深呼吸して、息を吐きながら心の中で数字の2を三回繰り返し思い浮かべる

ステップ7

深呼吸して、息を吐きながら心の中で数字の1を三回繰り

返し思い浮かべる

いよいよ心身ともにリラックスしてきたら、またゆっくり息を吐きながら、数字の1を思い浮べます。もうそこは体も心も穏やかに心配もなく、清々した気持ちです。

ステップ8

いま体は温かく、とても気持ちが穏やかに安らいでいる

気持ちが落ち着いていて、とてもいい気分です。ここで、しばらく安らぎの感覚を味わってください（しばし瞑想する）。

ステップ9

いよいよ元の状態に戻る。まず、数字の1を思い浮べる

数字の1を思い浮かべ、落ち着いた気持ちを味わいます。数字の2を思い浮かべ、安らかな気持ちを確かめます。数字の3を思い浮かべ、体の感覚を確かめます。数字の4を思い浮かべ、外の物音に意識を向けます。「気分爽快に目覚める」

と言い聞かせます。

ステップ10

ゆっくりと目を開けて大きな伸びをして、感覚に刺激を与える

いまとても気分が爽快です。心身共に安らいで、体に力の感覚が戻ってきます。

そして両腕を上に伸ばし、大きく伸びをして息を吐く。

この「瞑想トレーニング」は、直観力を体得するために必要な顕在意識から潜在意識や、さらに深い意識に誘導するための自己暗示の基本的方法ですから、想念が導かれるようしっかりと繰り返しトレーニングすることが望まれます。

＊（八～十五日間）行うと成果が徐々に表れてきます。

図9 イメージ・トレーニング法

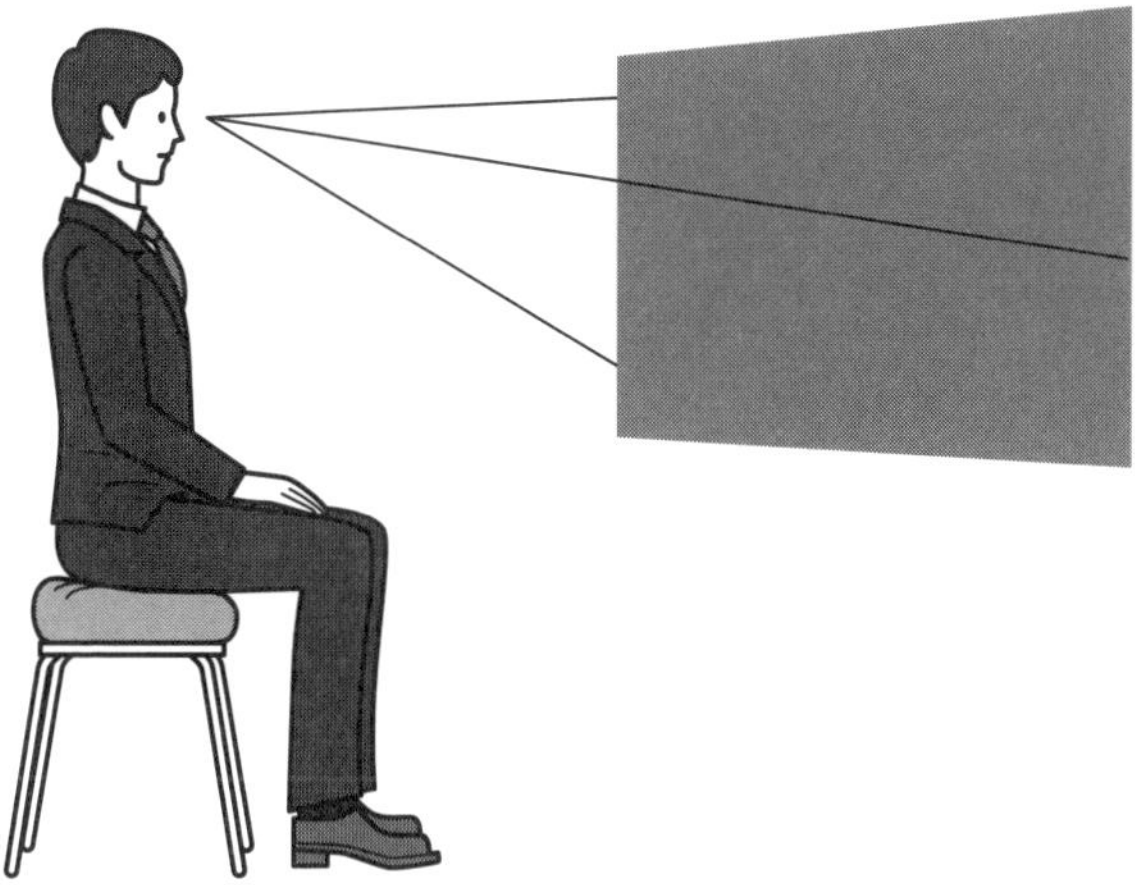

②イメージ・トレーニング法

次に、論理的思考である右脳とイメージ思考である左脳、両方の脳を効率よく使っていく方法でトレーニングを行いましょう。いわば、ひらめき、直観力を養うためのレッスンです（図9）。

室内外にかかわらず落ち着ける所で、姿勢は横になっても、椅子に腰かけていても自由です。まず、楽な姿勢をとってから軽く目を閉じます。ゆっくり息を吐きながら「瞑想トレーニング」でレッスンしたとおりに、数字の3から2～1と、潜在意識の世界に入っていきます。

ここで頭の中にイメージを描くために、あなたの好きなイメージ・スクリーンを思い浮べてください。スクリーンの大きさは自由ですが、目の前の二メートルくらいの所にやや目線より上にしてイメージします。これからあなたはイメージが湧いたり浮かんだりにまかせて自由にイメージ・スクリーンの中に描きます。このスクリーンはいつでも何でもイメージ・したとおりのものが投影できます。例えば、リンゴ、ミカン、トマトなどのイメージを思い描けるようになるまでトレーニングしてみましょう。

では、まずピンクのバラがスクリーンに描けるかどうか？　試しにイメージしてみましょう。あなたが思ったものは思いどおりに、自然にスクリーンに描くことができるでしょうか。まだ描けなくとも焦らず何度も瞑想トレーニングの度に数字の3から1の方法から繰り返しイメージ・トレーニングを行ってください。必ずスクリーンに描けるようになります。

このイメージ・スクリーンには、好きな場所、好きな人、かわいがっているペット、会いたい人、行ってみたい所などを自由にイメージしてみましょう。瞑想のたびに描けるようになったら、その色、つや、形、大きさ、匂いなどの感覚を味わってみましょう。

次に自然に描けるようになったら、このスクリーンに少し動きがある親しい人や友人の家の中まで無理なく描くことができるかどうか、(透視)を試みてください。

さらに進むと、「好きな人は今どうしているかな?」と、心のスクリーンにイメージを描いて、その光景がまるで事実であったかのごとく(透視)を試し、先方に状況を確かめてみるのも面白いでしょう。

③深いマインドのレベルに入る方法

さらに意識が深いレベルに入ると、いわゆる超常現象の世界、すなわち超感覚的知覚（ESP）である第六感が得られる高度なテクニックに入ります。

前にも述べたように、超感覚的知覚は特殊なものではなく誰にでも本来は備わっているものですから、この潜在的ESP能力を効果的に引き出す方法を説明しましょう。このESP能力を使いこなすには、あなたのレベルがさらに深まっていかなければなりません。

それには、いままでの「イメージ・トレーニング」を完全にマスターしておいてください。

ステップA……いつもの方法でレベル3〜2〜1へと入ります。段々とレベルが下がって、リラックスしていきます。

ステップB……さらに深い意識状態に入っていくには、レベルを10から9～8～7～6～5～4～3～2～1とゆっくり階段を下っていくように、段々と深いレベルに入っていく自分を意識してイメージしてください。

※深いレベルに入っていっても、いつでもすぐに元の状態に戻れますから心配ありません。

ステップC……しばらく深い意識に入った感覚を確かめてみましょう。深いレベルでも意識はしっかりとしています（しばらく瞑想します）。

ステップD……深いレベルに戻るには、数字の1から10まで、階段をゆっくり上がって、一つ上がるたびに意識がはっきりしていくイメージを持っていきます。

ステップE……いま、ゆっくりと目を開けて大きな伸びをして、感覚に刺激を与えてください。いまとても気分が爽快です。心身共に安らいで、体に力の感覚が戻ってきます。そして、両腕を上に伸ばして大きく伸びをして息を吐きます。

＊

これらの「トレーニング」をマスターすると、顕在意識状態から無意識状態から人によっては無意識に入りやすくなり、脳の内外からインスピレーションが感受され、物の本質の透視、予知、創造力、創作力といった感受性が高まります。ユングが説いた「集合的無意識」のような状態、この源泉こそは人類の共通意識の宝庫であり、輝ける人生にいかされることでしょう。

これらのイメージ・トレーニングの習得によるESP能力の成果を試めすには、三人一組で行います。一人は瞑想者（透視テストを試みる被験者）、また一人は出題者として知り合いの「人の名前、住所、年齢」を提示し、他の一人は記録係となります。順次交代して行いましょう。相手が全く知らない人の名前、年齢、住所の情報だけを提示して、透視能力者のように分かるかどうか、確かめることができます。

著者はある大学教授の指導による「イメージ・トレーニング」に参加したことがあります。このコースの最終段階で、お互いに体験の成果を試す意味もあって次の方法で、透視のようなテストを互いに行いました。

まず、四〜五分ほど瞑想してから、自分で意識状態が整ったと思ったら「はい！」と言うと、見る人の「名前、住所、年齢」が伝えられます。そのあと被験者は脳裏に浮かぶ具体的イメージを描き、口から出るに任せて状況を話します。どんな家に住んでいるか、その人はいま何をしているか、家の中で見えるものは？　気になることは？　等々です。その結果、「見事ピタリ！」と当たったと、相手側から驚かれ、我ながらまるで狐につままれたような気持ちになり、興味津々の試みでした。

芸術家は、理屈で考えて制作するよりも、インスピレーションを受けて創造したもの方が優れた作品が出来上がると言われています。常識というマイナスの感情に固く心が封じ込められ、その「我《が》」の障壁によりインスピレーションの感受性が鈍ってきます。「ひらめき」も、第六感というインスピレーションの賜物と言えるでしょう。

手相で分かるタイプ

実は、手の形状や手相によっても、霊的感性がある人かインスピレーションのある人かといったようなことが分かるのです。

○霊的感性の人の手（図A）

図A

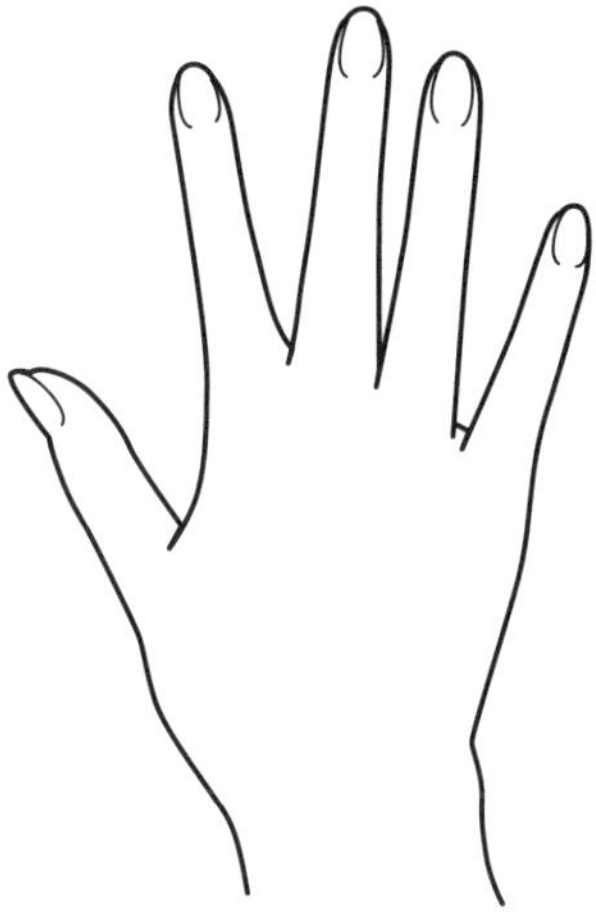

創造性に富む芸術家や詩人、小説家などはこの手の人が多いようです。一般的に手のひらは小さく、指の付け根から先端に向かってほっそりして、指先がとがっています。こういう指の人は創造力にたけているので直観力に優れている半面、空想にふけりがちな傾向です。

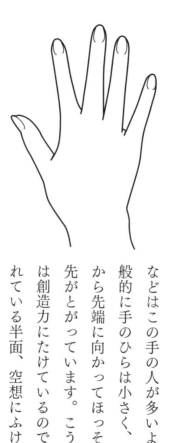

○インスピレーションのある人の手相（図B）

直観を受け天才的ひらめきを感じる人の手相です。月丘①〜②にあって小指に向かって伸びている線ですが、論理よりもひらめきを得て行動するタイプです。手のひらの真ん中を上に真っすぐに伸びる運命線は成功を表しています。

図B

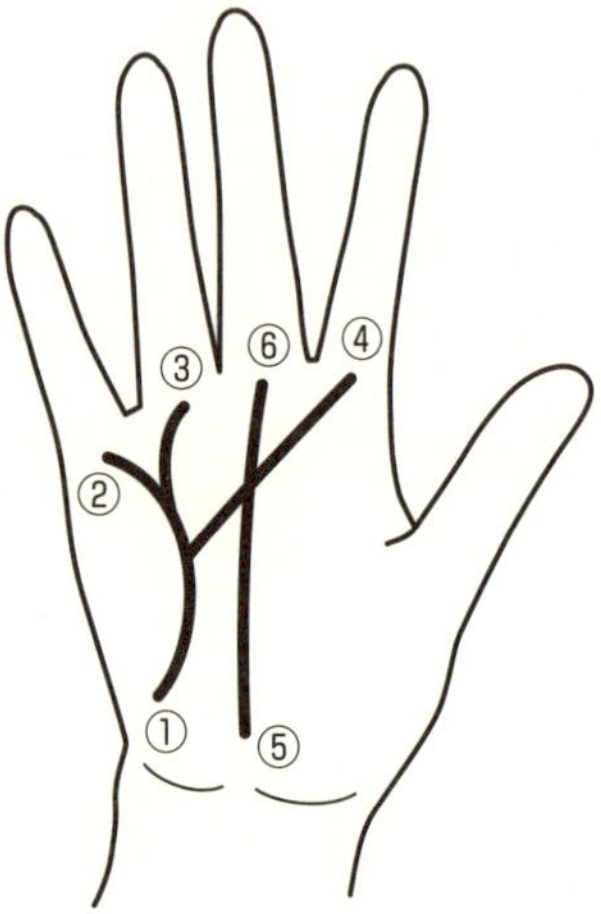

図C

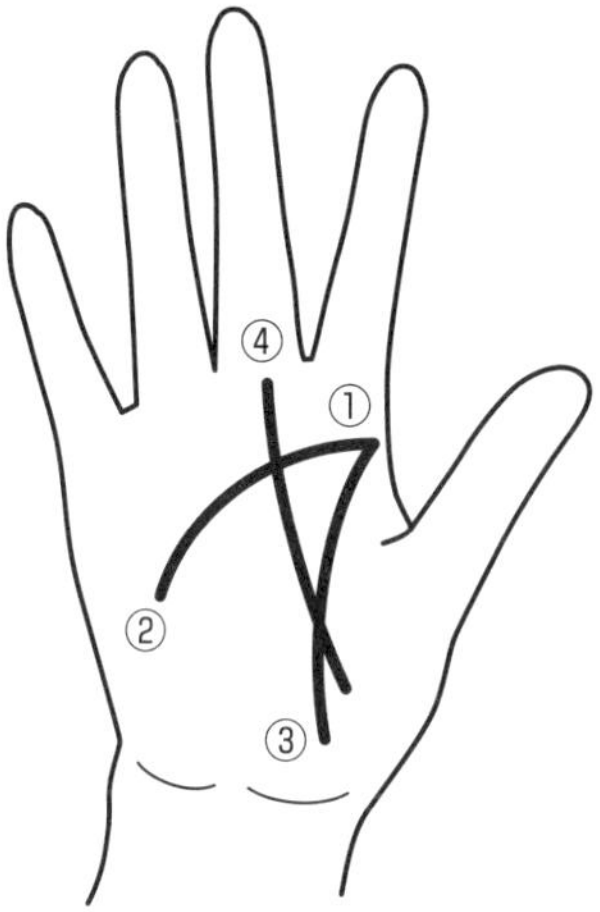

○創造力のある手相（図C）

頭脳線①～②が曲線を描き、月丘の方まで達している人は、ひらめきがあり、勘が鋭く、創造力に優れていて、先見の明、直観力、洞察力が鋭いようです。さらに運命線③～④が中指の方まで伸びているので成功する人ですが、ただ愛欲に溺れやすいでしょう。

○大事業家の手相（図D）

図D

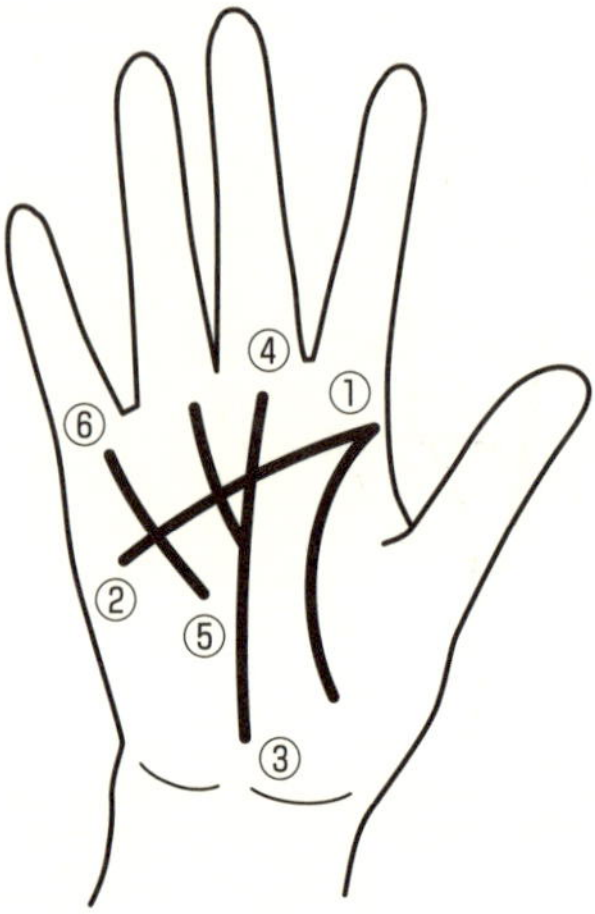

創業者として経済界で大成功する人の手相です。手のひらの各丘は、ふくよかに発達して親指も大きく整っています。運命線③〜④が長く真っすぐ乱れなく伸びているのは、大願成就の相です。頭脳線①〜②（横に走る線）は頭脳明晰でひらめきもあり、太陽線⑤〜⑥はっきり伸びている人は成功する吉相です。

おわりに

「ひらめき」に私が関心を抱いたのは、日本初のノーベル物理学賞を受賞した湯川秀樹博士に直接お会いして興味ある話を伺ったというのが動機です。

一九八〇年でした。当時、私は民放でテレビ番組を制作していましたが、テレビ人間の宿命で、頭の中は寝ても覚めても視聴率、視聴率でいっぱいのころでした。ところがある日、朝方に見た夢になぜか湯川博士が現れたのです。

早速、駄目でもともと思い立って湯川博士に電話で出演交渉しました。するとと、ご本人が直接電話口に出られ、すぐに快諾してくださったのです。

民放にしてはお堅いテーマの番組で「人生いかに生きるべきか」という話

でしたが、博士は「生涯好きなことに打ち込めること、そして健康で孫たちと一家だんらんでいられることは平凡であっても幸せな人生だ」と、しみじみ語られたのが印象に残っています。

番組収録が終わってからも、湯川博士は機嫌が良く、約一時間あまり私たちスタッフと雑談を交わされました。そして、私に「なぜ人間の頭には左右二つ脳が分かれているのか？」と逆に質問をされたのです。偉い先生に急に問われて「分かりません」と答えたと思います。博士は「それは企画を考えるとき、人まねではなく創造することに意味があるのだが、『ひらめき』を受け、独創的な企画を考えたまえ」とおっしゃいました。

なお、この翌一九八一年に前述したロジャー・スペリー神経心理学者が脳の左右の働きの違いを明らかにして、ノーベル生理学・医学賞を受賞したのですが、その記事を読んで、湯川博士の質問の真意が分かりました。

湯川博士ご自身の体験談によると、中間子理論のヒントを得たのは、夢うつつの時に強い風雨が雨戸を叩いた瞬間「ひらめき」、いつも枕元に置いてあるメモ帳に、忘れないように鉛筆で書きとめたのが受賞につながったのだそうです。

さらに、詩人の石川啄木は夜中に詩が次々と泉のごとく湧き出てきて、近くの寺の境内で走り書きしたものが詩集『一握の砂』になったとか、ニュートンやアインシュタインなどの天才は孤独の人であり、それが偉大な創造性を生んだなどといった不思議な「ひらめき」の話が弾みました。

「日本一の天才は誰だと思われますか？」と、今度は私が尋ねますと、博士は即座に「弘法大師、空海だ」と答えられました。そして「『天才の世界』(小学館)という本を出版したので機会があったら読んでみたまえ」と、ＰＲすることも忘れませんでした。

私は『天才の世界』を読んで、「ひらめき」、「インスピレーション」と「天才」についての関係にますます興味が募《つの》りました。

「ひらめき」の源泉はどこなのか、誰にでも「インスピレーション」を得ることができるのか、ほかにもさまざまな「天才の伝記」を読み、さらに内外の多数の特異能力者にも直接会って話を聞きました。

そこで、「ひらめき」は天才のみならず、誰にでもそれ相応の「ひらめき」を受けることは可能だと考え、人生の岐路に立ったときの選択とか、先見の明を養うにはどうしたら「インスピレーション」が受けられるのか、鋭敏な感性を磨くにはどうすればいいのかといったことや、〝霊感〟についても好奇心が募っていきました。

人には分相応ということがあります。凡人が「ひらめき」を得たとしても天才のような偉業を達成することはできません。芸術家はいつも創造することに挑戦し続け、学者や研究家は常に課題を持って新発見や発明に挑んでいるのです。経営者、商店主、ビジネスマンなど、あらゆる職業に就いている人々でも自分の職務に真剣に取り組めば、自ずと分相応の「ひらめき」が授かるものです。一般の主婦や学生でもそれ相応に「ひらめき」は授かるものなのです。

現在、世界の大富豪上位八人が保有する資産は、世界人口のうち経済的貧困層の半分にあたる約三十六億人が保有する資産とほぼ同じだったとする報告書が発表されました。

このことは言うまでもなく、大金持ちと貧しい者との経済的格差がいかに大きいかを意味しています。特に資本主義国では、産業革命により雇用者と労働者との経済的格差が著しく増大しました。

十八世紀半ばから第一次産業革命が起きて、これまでに人の手で行っていたものが、蒸気機関の発明によって機械化され作業の能率化が大幅に上昇し経済的には急速に発展しました。第二次産業革命では、ガソリン・エンジンやエジソンの電球の発明から電機産業が起こり、軽工業から重工業へと転換し大きく発展しました。続く第三次産業革命では、一九〇〇年代からデジタル革命という人間の知能に代替するコンピューターによるインターネット産業が発展し一段と飛躍しましたが、一方で貧富の差が大きくなりました。

そして、今日話題になっている人間の知能に代わってAI（人工頭脳）による第四次産業革命が起こり、ロボット工学、人工知能など全てのものがインターネットにつながって新興技術革新が始まりつつあるのです。

こうした社会現象のなかで、資本主義による機械文明社会を笑いの題材としたチャプリンの喜劇映画『モダン・タイムス』が思い出されます。この作品は機械によって個人の労働力と尊厳が奪われ、人が機械の一部分のようになっていくありさまを嘲笑《ちょうしょう》とペーソスで描いたものです。

今日、ＡＩによってロボットが人に代わって労働していくと、さらに『モダン・タイムス』よりも、笑えそうで笑えない現実が訪れるかもしれません。ロボットにより仕事の効率化は図れますが、それによって人は職場を追われますし、生活は合理的になって便利にはなりますが、必ずしも人の心が幸せに感じるとは限りません。さらに、富者と貧者との格差がますます増大することが考えられます。

そこで、資本主義国家では、富者から貧者への経済的再分配を十分に検討しなければならなくなるかもしれません。ＡＩに勝るものは人間らしさであり、感性や情緒性、感動する心といったことは人間にのみ与えられた特権です。

「ひらめき」による創造性クリエーティブというものが重要視されることになります。

さらに、ご自身で最良の選択をするためには、「先見の明」を養い、「インスピレーション」への感受性を高めることが求められるでしょう。

自己実現のために、世のために、人のために自己の感性に磨きをかけて、大いに社会に羽ばたき、幸せなる人生を築かれますよう祈ってやみません。

最後に、本著の構成に携わってくださったたま出版編集部の方々に感謝致します。

（参考文献）

「学問の創造」福井謙一　佼成出版社
「天才の世界」湯川秀樹　小学館
「天才」宮城音弥　岩波書店
「天才――創造のパトグラフィー」福島章　講談社
「天才の不思議　面白すぎる雑学知識」博学こだわり倶楽部　青春出版社
「天才の脳科学」ナンシー・C・アンドリアセン　長野敬・太田英彦訳　青土社
「ひらめきを養う第六感学入門」黒田正典　協同出版
「感知力―混迷の中から新しい方向をつかみ出す」浪平博人　プレジデント社
「シルバー・バーチの霊訓」アン・ドゥーリー編　近藤千雄訳　潮文社
「直感力」羽生善治　PHP研究所
「直観力」新崎盛紀　講談社
「『直観力』の研究」船井幸雄　PHP研究所
「直感力をつける本」保坂栄之介　三笠書房

「生涯最高の失敗」田中耕一　朝日新聞社
「冬籠」浅野和三郎　大日本修斎会
「奇跡の《地球共鳴波動7・8Hz》のすべて」志賀一雅　ヒカルランド
「天才たちのスーパー・インスピレーション」C・O・マディガン、アン・エルウッド　秋山真人訳　騎虎書房
「開運・だれにも分かる手相占い」花見正樹　右文書院
「インスピレーション　音楽家の天啓」ジョナサン・ハーヴェイ　吉田幸弘訳　春秋社
「天才　創造性の秘密」ヴィルヘルム・ランゲ＝アイヒバウム　島崎敏樹・高橋義夫訳　みすず書房
「超能力経営の研究」松本順　PHP研究所
「図解雑学　よくわかる脳のしくみ」福永篤志監修　ナツメ社
「脳と心」第6集「果てしなき脳宇宙」無意識と創造性（NHK）
「心霊研究」小林信正　公益財団法人日本心霊科学協会編

〈著者プロフィール〉

小林　信正（こばやし　のぶまさ）

1938年２月東京生まれ。東京写真大学（現・東京工芸大学）卒業後、慶応義塾大学では哲学、心理学専攻。ＴＶ局勤務、チーフ・プロデューサー、部長として多数の番組制作に永年携わる。退社後、ＴＶ制作会社の代表取締役として放送番組やイベントなど多数制作。大学や企業研修の講師など務め、特異能力研究所代表として意識とサイの研究を行っている。

日本精神文化研究会主宰。日本サイ科学会副理事長。公益財団法人日本心霊科学協会元常任理事。

著書：「ご利益さま　しあわせさがしのためのご利益社寺五十選（ペンネーム・小林永周）」（ファミマ・ドット・コム）ほか。

運命を好転させる「ひらめき」の力

2019年３月25日　初版第１刷発行

著　者　小林 信正
発行者　韮澤 潤一郎
発行所　株式会社 たま出版
〒160-0004 東京都新宿区四谷4－28－20
☎ 03-5369-3051（代表）
http://tamabook.com
振替　00130-5-94804

組　版　一企画
印刷所　株式会社エーヴィスシステムズ

ISBN978-4-8127-0429-5　C0011